镜与灯人文译丛

空椅子

The Empty Chair

[英] 迈克·博克斯霍尔 著 沈 凌 译

江蘇鳳凰教育出版社
Phoenix Education Publishing, Ltd

图书在版编目(CIP)数据

空椅子 / (英)博克斯霍尔著;沈凌译
—南京:江苏凤凰教育出版社,2015.8
(镜与灯人文译丛)
ISBN 978-7-5499-5388-2

Ⅰ.①空… Ⅱ.①博… ②沈… Ⅲ.①心理学 Ⅳ.
①B84

中国版本图书馆 CIP 数据核字(2015)第 208999 号

书　　名　空椅子
原 书 名　The Empty Chair
作　　者　[英]麦克·博克斯霍尔
译　　者　沈　凌
责任编辑　韩宇新
出版发行　凤凰出版传媒集团
　　　　　　凤凰出版传媒股份有限公司
　　　　　　江苏凤凰教育出版社(南京市湖南路 1 号 A 楼　邮编 210009)
苏教网址　http://www.1088.com.cn
照　　排　南京凯建图文制作有限公司
印　　刷　扬州市文丰印刷制品有限公司(电话:0514-84225777)
厂　　址　扬州北郊天山镇兴华路 25 号(邮编 225653)
开　　本　787 毫米×1092 毫米　1/16
印　　张　10
版　　次　2015 年 8 月第 1 版　2015 年 8 月第 1 次印刷
书　　号　ISBN 978-7-5499-5388-2
定　　价　20.00 元
网店地址　http://jsfhjycbs.tmall.com
新浪微博　http://e.weibo.com/jsfhjy
邮购电话　025-85406265,85400774 短信 02585420909
盗版举报　025-83658579

主编的话

作为一个外国文学翻译者与研究者,有太多的机会接触大量外国文化,并深深为世界各民族文化的缤纷多彩、丰富浩荡所折服。在这世界文化丰富多彩的浩浩荡荡中,各民族文化的独特性与多元化彼此交融、互相渗透,并在此过程中不断发展着和变化着。这种发展与变化又进一步促发了各民族文化之间的激荡、交流、碰撞、吸收、借鉴、扬弃、融合与改造,进一步催发出更加无愧于时代和人民的优秀文化作品,使得各民族文化在不断丰富自己内涵的同时,也丰富着全人类的文化宝库,使之日新月异,从而推动了人类社会的不断向前、不断发展。

在这样一种浩浩荡荡的交融与发展中,无论是个体,还是群体,任何把自己禁锢、封存、隔绝起来,意欲独善其身的做法与想法,无疑都是愚昧的、不可取的。只有置身其中,勇敢面对,从这种交融与碰撞中博采众长,吸取自己发展所需要的营养才是正确选择。问题是,面对这样丰富多彩、浩浩荡荡的海一样的文化大潮,如何更加方便和自如地去选择我们自己的需要,并不是那么容易做到的事情。毕竟,就大多数人来说,直接阅读国外文化作品,依然要受诸多条件,特别是语言障碍的限制与影响。因此,不断推荐、翻译与出版更多的优秀国外文化作品给我们的大众,正是我们翻译工作者与文化出版人责无旁贷的职责。这套由江苏省翻译协会与江苏凤凰教育出版社联手打造的《镜与灯人文译丛》,就是肩负着这样的职责,来为我们新时期的民族文化创新与未来文化发展战略服务的。

《镜与灯人文译丛》取名于美国文学理论家艾布拉姆斯的著作《镜与灯》。镜者,映像其中,意在反映外在事物;灯者,明示外物,意在指示外物的发展变化。《文丛》之所以取名于此,一者表达入选著述皆为对外在现实或精神世界的心灵映照,一者意为入选著作可提供理论上或思想上的指引。

综观世界各民族文化,不论是古代的,还是现代的,也不论是东方的,还是西方的,一切文化思想的形成,都是人类智慧的结晶,都是人类文明发展的象征。研究借鉴世界各民族文化,对于光大人类文明,开拓智慧领地,扫除愚昧落后,振兴本民族文化,无疑具有重要意义。人们只有用人类创造的一切知识来丰富自己的头脑,才能成为无坚不摧的力量驾驭者。对于国外文化中的科学理性精神、现代人文精神与人道主义、近代民主政治与法制思想、现代市场经济理论、西方现代理论、可持续发展的思想和战略等,我们要以充分的民族文化自信,敢于敞开胸怀,大胆接纳,在激荡中学习借鉴,在碰撞中扬弃升华,在交融中丰富发展。我们完全有能力坚持“以我为主、为我所用”的原则,博采各种优秀文化之长,向世界展示中国现代文化建设的成就。我们也完全有能力把我们的民族文化建设成符合时代要求的、代表人类文化发展最高水平的社会主义现代化文化。这,就是我们中华民族的文化自信。

《镜与灯人文译丛》译介西方优秀、积极的社会学、心理学、哲学或跨学科的著作,旨在反映当前国外理论界与学术界的优秀成果和研究方法。镜,鉴也,景也。借鉴国外精华思想,领略国外学术风骚,是出版的重要使命。灯，光也，明也。引入国外优秀学术成就，照亮未来学术之路，亦是出版的重要责任。江苏凤凰教育出版社秉承多年专业出版的理念，积极探索学术领域的发展和进步，举大教育概念，行大教育事业，始终致力于开发教育学术领域的先进思想，展示人文领域的先进成就。

《镜与灯人文译丛》的引进出版得到了江苏省翻译界各位专家学者的全力支持和有益指导，相信本《文丛》的出版必定会给我们的文化界与学术界带来不凡的亮点。

长江学者，南京大学教授、博士生
导师，中国翻译协会常务副会长

2014.9.19 于南京

目录

前言

本书得以诞生，部分源于我对自身困惑之真义的探求，那是一处巨大的宝藏，另有部分源于跟数百名学员的互动，在过去的 15 年间，我一直在与他们分享并探索自身的困惑。

这种关系维持了多年，大家都受益匪浅，之后我发现不断有人建议我写本书。但我总感觉有种顽固的念头深植于内心，让我自己不情愿下笔，因为我体验到这项工作正如宇宙万物一般，并非一成不变的。然而，事实证明学员们也同样固执，最终他们还是说服了我，凭着这么一席话："迈克，你都已经 80 高龄了，不可能永远陪伴着我们同行。请留给我们一些可以保存的东西吧。"看来我在戒除执念方面的授课还不是很成功啊！

我最后还是屈服了，并且承诺我会创作一本虚拟书，不设限定的结尾，我每隔一个月都会在其中添加些见解。这本书可在网站上读到：www.theemptychairteachingfoundation.com。实际上，我每个月都会在上面发布些更新内容。因为是在线书，所以我也能随时更改我发表过的言论。我们不是都希望自己有这种能力吗？

然而，抱怨之声还是没能平息。如今我只好举起白旗，而这本书——《空椅子》，即是其最终成果。我还会继续在网站上发布一段时间更新，如果能积累足够久的时间，也许有一天会出第二部——与第一部一样，就其本质而言，都是由学员们创作而成，还有他们走到一起形成的绝妙协同优势。

大概在我 40 岁时，正从中年危机中走出来的当口，我开始做治疗师这一行。接受培训然后修行，刚开始做顾问/精神治疗医师，然后做针灸医师,再后来做颅骶骨治疗师,我逐步深入身体内部,在这个过程中我发现,任何个体存在突显的表层都包含其内层,并且无论最里层有什么,都与其外部形态密不可分。

我发现,笛卡儿学派中的心/身分离(据我所理解的笛卡儿理论),只有从已经身心割裂或者脱离实体的智能这一观点出发,才能站得住脚,才能有效。我已深有体会,很多种真相都是只在一种环境下为真,换作另外一种环境下就未必为真。这对于我来说是一大发现,或许也使我多了一点宽容。“要是我在 20 岁时,就能明白现在 80 岁才明白的道理,该有多好!”即是由此想法引发的感慨。

经过在名为教学的这片经验之海中试验性的浅尝,同时适当地向医师推荐颅骶骨治疗的高级教程,我渐渐发现(或许是一开始是从我的学员身上发现的),我传授的并非什么技巧性的东西。它已经成为一种共修,由此产生的是对精神具象的探索,并且我发现,在精神的无数种表达方式当中,采取的形态即是我所谓的那个“我”。

我本无固有的存在,除了其他概念的集合,而这些概念本身亦无固有的存在,初次意识到这一点,真是一次非凡的体验,而一开始是如此惶恐不安。

常言道,亲不敬,熟生蔑,但也许更有效用的是,亲熟也会产生感知,那就是在其特定的真实中蕴含着我们唯一能得到的安全感。如果我未同宇宙万物割裂开来,那么我即宇宙!每一次,我们都将它转变为一个概念,再与恐惧感纠缠不休,我们已失去了它。还是吃午餐去吧!

同样还慢慢明了起来,人们不一定需要特定的职业标签,也能够胜任这项工作——只要有这方面的心愿就够了。把当前所有学员的情况列出,就会发现他们来自你能想到的各行各业,其中包括银行家、心理学家、教师、家庭主妇、律师、医生、学生、农民、治疗师、诗人、舞蹈家、物理学家、哲学家、牧师、石油生产商、艺术家、工匠、裁缝、士兵、水手、富人、穷人、乞丐,据我所知还有小偷。然而,你可以看到,我并不传授职业技能。我只是尽我所能,与他们一同行走在路上。

我要看看这些主体在此生中怎样对我揭示他们自己,也要请你与我一同踏上这条更加觉醒之道,看看它在你自己的生活中如何反映。

虽然不易察觉的习惯会带给我们诸多失落，但我希望这项工作能够引领我们，能让有些人从这失落中寻得自由，这便是我的夙愿。只有我们挣脱了这些枷锁时，才算是真正的有用之身。

不可能有两条相同的路，所以这里没有说教式的练习，也许可以有指向月球的教鞭。请将目光投向月球，那就相当于你自己的体验，而不是关注教鞭，也就是各种概念。

在 2008 年，我的妻子芭芭拉送给我一把结实的木制椅子，木料出自西苏塞克斯的一处森林，粗略砍削而成，于是这本书的书名就此明朗。这把椅子还拍摄照片放在了封面上。它真是一个绝妙舒适的庇护之所。

致谢

在我工作中,尤其是教学工作中,有多位朋友提供过大力支持。

我总是说,学员们才是真正的导师,但我要出版本书就必须特别致谢以下诸位朋友:

英国:有几位朋友屡次为我提供帮助;亨丽埃塔·弗斯和阿曼达·比格斯在很多场合帮助过我,我深表感激。还有些朋友担任旁听,我靠他们来测试概念以及收取反馈,我想到了我的良师益友——詹姆斯·罗和戴维·莫斯廷。谈到这里我不得不提到安德烈亚斯·伯恩森,他已经同我一道经历了 70 多次课程。很多启发性的对话都是源自这种亲密关系。米·费里特,约翰·威尔克斯和薇薇恩·莫斯也一直陪伴着我。还有乔·菲特,这些年来在多次课程中都帮了大忙。

美国:科斯·史葛和温迪·布里奇沃特,在佛蒙特州为我筹办了第一次课程。随后在圣达菲,一系列课程由此展开,大获成功,这都要归功于克莱尔·邦瑟巧妙的组织安排,之后又在北卡罗来纳州和佛罗里达州重复授课多次,其间我得到了帕特·多诺霍和雪莉·菲利普的协助、组织安排,以及热情友好的招待,我欠他俩太多的恩情,与他们的友情我将永世珍藏,铭记于心。

西班牙:起初是普约尔公司和托妮·希门尼斯邀请我去西班牙,现在我非常满意自己能在那个国家待那么多年,并且在他们的热心支持下开设了大量的课程。翻译总是发挥重要作用,米格尔·伊里拜仁一直以来做了大量工作。他现在还是我的西班牙语出版人。现在我的课程固定由马努·马力诺和乔斯·阿格斯来组织,与他们合作非常愉快。戴安娜·马丁内兹一直孜孜不倦,负责介绍全新的听众给我。我一直以来都受到卡梅·蕾娜利亚斯多方面的支持,她是一名翻译,也是我非常要好的朋友。我非常珍惜能够有她相伴。

意大利:我第一次到意大利,是艾达法拉利和翻译墨李希特带我去的,我们一起开设了几次出色的课程。最近课程规划已由哈库莎和布雷西亚主办,西尔维奥·马苏里拉和劳拉·迪·莱娜指导,后者也担任现场翻译。最近,翻译队伍中又有一位新星冉冉升起,名叫基娅拉·葛莉欧利,也是我的作品《定境中交谈》的翻译。

爱尔兰:我的伙计们一直都是都柏林受人尊敬的律师和中间人,费格斯·阿姆斯壮,就像在美国给予我照顾的那些人一样,经常慷慨地欢迎我去他家做客。

还有许多许多其他的朋友们,不胜枚举,包括很多学员,都以各式各样的方式为这项事业作过贡献。还有很多我专门称之为导师的那些朋友,我将在别处单独列举,然而在所有人当中,自始至终,我最感激的是有幸与芭芭拉结为夫妻。

序　言

空椅子——传授真义；并非表象

精神上的内容无法描述，但其中况味或可被唤起，从而弥漫在我们的体验之中。将捉摸不定化为触手可及的这种精妙之工将在以下篇章中得以完成。我们将被引入直接体验的世界，以一种非常轻松、开放，而又巧妙的方式揭示出来。迈克·博克斯霍尔(Mike Boxhall)表达了他敏感而丰富的体验，通过故事，诗歌，小短文和注释文呈现在我们面前，借此方式我们也得以窥见自己的当下现成。当下是我们存活于世的基本性质，是直接供养感知的生命力，支撑并揭示着我们的所有体验。这并非什么可以掌握的理论，但它却遍及我们生活的方方面面。或许听起来颇具神秘感，但正如作者一次又一次展示在我们面前的，正是通过我们平庸的生活、有限的能力，以及种种凡尘俗事，我们才得以触及自身永远自由的当下现成。时时处处存于当下的途径在于从不回避正在发生之事。我们不必强求非得有创新或非同寻常的作为，只需专注于我们自身，我们生命的体悟即可。

可能听起来有点抽象，但当你翻开本书，将会领略到迈克那温暖人心的精神力量，通过他的促进能开辟一条坦途，引领我们与自己的内心交谈。以我之见，本书并非谈论任何实质性问题，并不寻求建立信念，也不阐述任何教条。读完本书，你不会有任何收获，除了引发你对自身当下，你已拥有的当下更多的体悟。

这种书的阅读体验，有点类似进入冥想。无论什么出现在我们面前，都要敞开心扉，坦然直视，然后与之共处，直到我们能够接受其存在。当然，我们必须忠实于自己，以我们自己的方式来解读，以免过于被某些片面的观点吸引而有失偏颇。也许我们的选择主要是在为我们的信念和设想服务,因此我们需要肯定自己确知什么,而非一味寻求新奇的刺激。仔细观察我们如何选择,便可帮助我们对自身,乃至于对本书有所发现。

本书宽厚大度而又鼓舞人心的氛围,仿佛一次温柔的心灵按摩。莫强求,放宽心,一旦放下了内心所有的挣扎与焦躁,抛却种种凡尘俗事,我们就得以回归自己的本然真性。

詹姆斯·罗

导 言

空椅子象征着教学永不止息。它永远存在。无论何时何地，都会有人占据这个位置，尽其所能为真理发出清晰而真诚的呐喊。

此处我们论及的教学指的是对本真感知的延展，我将其称为灵性。

因为文字是语言以及当下经验反映，由此会产生共鸣。共鸣宛如思想的火花；有助于将感知引燃或重新引燃，使感知的延展具有无限潜力。

在历史长河中，这火花不时地唤起感知的延展，反映出它引燃的时期、地域、空间和社会环境，所采用的方式也不尽相同。如今我们所处的时期，就如同一团略微炽热的余烬，只差扇一阵风就能重新引燃。集体主义的时代即将来临，这看起来大有可能，而其中的火花及其引燃的意识也必然是合作而非支配。或许我们可以换个说法，将其称为“共修”，而不是改头换面或死灰复燃的某些“教条”。

就是这些想法激励着我，毅然决然地，由个人观点出发，探索一条道路，我心知肚明，自己没有责任去影响他人前行的方式，但我深信，像我这样一个平庸的人，如此声势浩大地作出探索，或可有助于他人对自身的平庸作出正确评价，或者确切地说，获得一种自我认同感。

我读到过许多关于灵性方面主题的材料，似乎都在怂恿我们去否定自己，并妄图从另一个时间、空间，以另一套范式取而代之。认为灵性只有在另一种语境和文化中才能觉醒。市场上充斥着此等奇谈怪论，而我们只要买得起都会买下来。这便是唯物主义的本质。

我不得不承认，我正浸淫在同时包含东西方心理学的海洋。两者的表现形式分别源自犹太/基督教和佛教。这也就是“我从何而来”，对于前者是个关于出生的命题,而对于后者是个关于信念的命题。

当你捧起本书翻阅,也许有些部分会唤起你内心深处的共鸣,有些部分会令你感到些许不适,有些会令你困惑,甚至还有些会将你激怒。你无法接受其中观点,这会令你大为恼火。静下心来考虑一下:为何无法接受就令你恼火?

只要你愿意,你可以此为契机,触及这些情绪,体会下在身体哪处产生反应,以此对你的意识作出延展。一旦找到它,你就可与之和谐共处。它只是你的情绪,并不能代表你是谁,而你却可以与之和谐共处,或者,如果它毫无益处,你可任其自身自灭。据此你即刻就有机会占据主动,而不会沦为情绪的傀儡。你可出于情绪采取行动,而不是由情绪来操纵。这两种表述有如天壤之别。

首先最重要的一点即是,平心静气。意识到你身上的积习,正视这些积习在起作用,就有可能从它们之中解脱。为自己的积习而自责,狠下决心,不惜任何代价力求摆脱,这些都无济于事。对积习过于强势,只会使大量的精力投入其中。提高对它的关注,只会为其提供更多的滋养,确保其延续。我只希望,我的工作能够使我们当中的有些人,从难以察觉的积习中摆脱,奔向自由,重获主动权。只有摆脱了这些枷锁,我们才能真正变为有用之身。

臻至定境

定境当中自有奥妙无穷,在某种意义上,它并非无所作为,也非一片空白——类似发呆走神——恰恰相反。定境这样一种状态意味着,对正在发生之事了如指掌,心中却不存丝毫牵挂或执着。它更趋向于一种旁观的状态。

定境并非我们强求得来。它只是一种存在——存在于我们自我本真的中心。这种正定之心存在于我们每个人当中;我们与宇宙万物的本原在这一点上是共通的。居于中心的定境在此始终处于动态之中。

> 转动不息的世界,在其静止点上……
> 只有舞蹈。

(《燃毁的诺顿》),T.S.艾略特

在定境中没有苦痛挣扎。在与中心重建关联的过程中,一切苦痛戛然而止。于是,在定境中,疗愈的功效得以重建。

也许这种情况时有发生,当我们发现自己被诱导进某些思想或情绪的执念——或痛不欲生,或欣喜若狂,我们能超然物外,仅仅止于感知,而非急于应对发生之事。此时此刻,我们仅限于注意到"它",做个旁观者,而不会因偏离了正轨而自责。我们常常因为自己表现不够完美而自责,这种趋向性恰恰形成了一种能量,使我们陷于疲于应付、缺憾与不满的泥沼中无法自拔。

安守定境

间或,我们一旦步入通往圆满的概念性途径,我们实际已在体验全然当下,定境与自在的具体感悟。就开发技巧这层意义而言,我们还未达到这地步。这些本属天性固有。我们仅仅是为它让道,以便迎来启示,揭示出我们的本真之源究竟为何。

接下来的问题就要简单得多,使我们得以逃脱险境,重归安稳的存在,于是我们再度开始贪婪地攫取,重新像仓鼠一样沿着滚轮不停跑动。如此循环往复,永无终了。

这正是修行的要点,这正是志同道合的人聚在一起的意义。

在本书写作过程中,我经常反复提醒自己,特别是当某个重要而强烈意象需要加强的时候。我在课堂上同样这么做,而且是有意为之。不同的人有着不同的生活阅历,却会对不同的表达方式产生共鸣。但愿能听到一声"啊哈!"的感叹,表明真的有豁然开朗的顿悟。我已经学了很多,自己始终坚持着,直到其中之义全都清楚明了。这里不同于点头接受大家之前都听说过的某个概念。听说过,是的,但并未具体表达出来!

超越定境

定境始终是我们出入的一种状态，始终是我们感知的对象，这只是定境的概念。定境的真谛不存在思考。是抑或不是，二者必居其一。而定境的精髓或正是在于，二者皆可，不存任何得失之心：将其作为一个期望的对象，也许可称为“精神唯物论”。唯物主义的对象由鞋转变为精神，而主体并未改变。

写作本文旨在通过经验考察这些概念；审视我们如何因一直提出的习惯性而失落自我；更加清醒地认识究竟是什么使我们执着于过去和未来，以至背离当下现成，同时认识到经由改变而觉悟的可能性。

无需四处寻觅，一切尽在眼前，只待将其觉悟。

本书的书名“空椅子”，是来自于佛教的概念。终其一生，佛陀都要求他的信徒们勿在记忆中留存任何意念。人们遵从此教诲多年，但逐渐地，人之常情是需要确立一个爱的对象，而不是将自已化为博爱之主（实际上这是其教义的最终目的）。椅子也好，鞋也好，或是其他最初用以象征其教义的标志，都已被雕像所取代，发展到如今其结果随处可见。

许多佛教徒依然认定，雕像有如镜子一般，是对演化而来的人类生活本质的表达，然而对其他人来说，当然也包括许多非佛教徒，雕像本身只是被崇拜的对象而已。

在我看来，空椅子的意象恰如其分地体现了佛陀的教义，这样的意象甚至可以被看做一切有关灵性的教义之精髓。道家学说或许会换为另一套言辞：重要的是传教，而非传教之人。此等传教的真谛在于其影响，在于带给受教者的改造，而绝非传教者的人格。

当你深入研读本书，我希望你渐渐明了，传教基本上是一个群体性过程，或许可以说是一种揭示。我经常将这项工作比喻成冬日里炖杂烩。炖出来的口感和营养很大程度上取决于所投入的材料种类和质量。随着对该团组能量的信任日益增长，即便是最羞怯的成员也会渐渐成长为优秀的大厨。团组旨在将灵性作为一种具象化的体验进行探索，同时对此了然于心：精神并非存在于别处，也无需我们去获取，它时时处处存于我们每个人的内在本质。想要完全实现此目标，或许我不得不超脱于一些日积月累而又根深蒂固的观念，重新认识自身及其组成。如果使用得当，“任其自然”在这种语境下可以很好地达意。任其自然与任其摆布毫不相干：它源自于认识到自身的某些积习并自愿放弃。

课程学习大多取自学员们自己的生活体验。人们倾听自己和别人的故事，有的故事相当令人佩服。很多人往往是有生以来第一次倾听并反思自己的故事。通过倾听，对于久久不能释怀并为此失落沮丧的创伤，他们能够全然接受，然后任其自然，从而达到自我疗愈的功效。

正如我们已提过的，传教本身永不止息，只不过于不同时代，不同地域和文化背景，表现的形式不尽相同。

人群

典型性团组由16—20人聚集而成，大多为单个个体，也有成对的。地域从整个欧洲到美洲，甚至更远的地区。人们由于各式各样的原因聚到了一起。我相信他们都围绕着共同的核心，即寻找生命的意义，而不仅仅满足于想要某种模棱两可的所谓“进步”。我提出的这种共同立场并非总是如此显而易见，有时也许需要好几天、好几个星期，甚至好几年才会浮现出来，得到清晰有力的表达。这些人的背景各不相同。早期大多是些特定类型的治疗师，但近来我们故意不再按特定类型分组，只要有此意向的人都可加入进来。我们力求避免对比他人的工作形成“攀比”的心态。我希望所有成就没有高低贵贱之分！这种心态会产生明显的成效，再也没有人去跟同伴竞争，每个人都显得那样熠熠生辉。我始终坚信，如果我们心想某人某物应当如何，那么只需持续观察，就会发现他们确实如此。在任意情况下，以特定的方式及局限性，怎样、什么和为什么即涵盖了所有问题，因此我们试图摆脱这些。

工作

团组旨在将灵性作为具象化的经验进行探索，并作出揭示：精神并非存在于别处，也无需我们去获取，它时时处处存于我们每个人的内在本质。要想实现此目标，我不得不超脱于一些日积月累而又根深蒂固的观念。“任其自然”在这种语境下是一种很好的表述——它源自于认识到自身的某些积习并自愿放弃，而并非任其摆布。

方法

每天的活动安排大致如下：

9:30—10:00 冥想。全身放松并保持静默。如果有需要，解释此举的目的，并教习冥想的方法。

10:00—11:30 通常由导师(在此情况下即我本人)发表讲话，围绕的相关主题需与该团组中发生之事产生共鸣——可以就某些最近表达过的想法作些扩充，也可以对某些提出的问题作出直接回答。

11:30—12:00 暂停休息。其间会有好几次暂停。以便学员有一定的空间对团组中提出的内容进行消化；他们甚至可以趁便吃点巧克力饼干和蛋糕！更重要的是，暂停便于切换主题，转换相适宜的情绪。

12:00—13:00 两两配对，彼此手牵手，通常是其中一人在沙发上平躺，另一人充当医生的角色，或站或坐随意。全程穿着整齐。

用非常轻柔的方式接触，最温柔舒缓的那种。提前解释清楚，并且过程中不时地重复解释，其意图仅在于坦然接受出现的一切，不作任何解读或反应。其前提是被倾听即被疗愈，曾几何时我们被充分地倾听？我们几乎从未被人不带任何评判和意见地倾听，这种深层次的倾听即是深层次的疗愈。这一原理是从我自己和其他人共同经验中总结出的，我们都曾如此投入地设法超脱总想“有所为”的意念。

有些人会握住脑袋，有些人选择放松地将手放在脚上，还有人只轻轻地将手贴在前胸或后背。其实怎样都无所谓，只要我们有正确的心态，无论接触哪个部位都相当于触及整体。我宁愿人们精神集中于定境以接近“客户”，而不要总是拘泥于：“我要怎样才能帮到这个人？”

13:00—15:00 午餐，散步或休息。

15:00—15:30 冥想。

15:30—16:30 讨论分享整个流程当中的体验。这是相当重要的环节。意味着很多人会首次听见他们自己的生活体验被大声说出来，或者首次真正意义上与他人交流这些体验。场面有可能相当感人。

16:30—17:00 暂停休息。

17:00—19:00 开启新一轮讨论和反馈流程，双方交换角色。

时间仅供参考，不作严格规定，因为根据实际情况，往往要按照当时需要灵活变换重点。整体结构应据此而定，但在具体某个活动上，时间分配比例可有所不同。

刚开始，有些人会感觉在团组分享/反馈过程中，需要集中精神于当下有点困难；很容易在心理上责怪别人“进展太慢”。但是随后就会逐渐明朗，听到的不仅是特定某个人的生活经历，同时也是所有人乃至全人类共同的经历，然后一种有效的感知由此显现——认识到这位女士的经历也是我的经历。我逐渐掌握自身真如本性的扩展性观念，如此一来永远不会感到厌倦！

课程引导者无需对这些经历作出任何评述，除了偶尔提供解说，使故事更加通俗易懂。需要做的应该是化做一面清澈的明镜。这项工作中蕴含的能量，并不在于导师的博学，而在于集体力量的协作。确切地说，活动是自行完成的。

我喜欢在活动中使用“智性”这个说法，而不是“心智”。也许这样不太符合逻辑，但似乎所有社会都有一个神秘的共识，当我们自身的疏离感暂时让道，就能够听见一种声音，那是一种集合性，一种包含所有内在、外物，及其之间所有连接的境界，我称之为智性。

这个声音，这种揭示，能够获取其他体验从没有过的信念，但信任意味着坠入深渊，而不是悬于绝壁边缘，抱守任其自然的概念。

在本书下文，你将读到许多在活动的过程中洞见萌发的案例。

本书并非讲述佛学，至少不会将佛学当做教条，但在本书会（或许会不时地)尝试遵循佛学在21世纪的表述方式,通过这样的团组协作,他们之间唯一共同点只是,都围绕导师这个特定的支点,交叠他们的寻道之旅。

导师只是凡人,并非永生不灭,或多或少存在自我局限性。这两种说法并不矛盾;导师有可能在一时间大大超越自我,突破自身的局限性,使得授课如行云流水般顺畅。如此导师和学员都能受益匪浅。这实际上是一种共修。

这项工作无法包装为整齐划一的形式。正如宇宙万物,灵性并无整齐划一的形式。它也同宇宙万物般,总是不断地变换不同的形式实现自我表达,我们要做的唯有始终直面它,而不是刻意筹划,那是心智的欲望。

故此本书没有按部就班的叙事结构。每个章节供反思的内容实际上存在于不特定时间和地点,而不是按照教条式的概念来展开。

性别在此不作为考虑因素,虽说男性化和女性化原则的区别,无论体现在男性或女性身上,都至关重要,会有专门的主题相关章节来探讨这些概念。通常为了避免用繁琐的复合代词他/她,我更喜欢任意用其中之一来指代。在任何情况下其中任一个都可指代另一个。这种表述方式相当方便。

我们发现,因失落感陷入挣扎并不能带来改变,这样只会提供更多关注力而进一步助长它,只有将其当做一种福祉而欣然接纳,才能使我们始终关照亲近而永恒的当下现成。只有关照当下,我们才能做到真正地积极主动:除此以外的任何行为都只是被动反应而已。只有始终关照当下才算真正地活着。

无论我们的生命能够维持多久,一方面,我们自己不断面对的当下即是我们的身体。此处所指并不仅限于人体的肌肉、骨骼、消化和循环系统;我们用以实现任何思想、言语或行为的感官机制同样也是身体的有机组成部分。身体并不仅仅是一件持续磨损、麻烦不断的器物,同时还是意识的中心。诚然,耶稣和佛陀的伟大预言都提出,他们会现身于人间——我们也是一样!

我的前半生荒废于(也许这么说正是恰如其分)当兵和做生意。这些与本书并无直接关联，除了可以认识到在此积淀之上，我下半生的价值才得以突显。我们的生命中总有那些年，生活与我们格格不入，我们往往想将其掩盖或抛弃，然而，假如我们剔除了不想要的部分，那么想要的部分也将不复存在。因此秘诀在于，整体看待自我，而不是一味地否定。

在我此生的后半段基本不设什么目标，但我很满足，通过与日益壮大的各国学员团组间互动，在应对这些工作的过程中，我的生命自己展现出价值。每个学员都会带来宝贵的生活经历，即使当时有不适的体验，但认识到其中的价值，也使他们有能力接纳并继续前行。于是，这项活动将建立起一套有效的修行方式，其最佳功效即是将困惑点石成金，正如炼金术士所追求的目标，不同于他们以往普遍的观点那样，要像愚者一般通过贪婪攫取来追求目标。

理论上来说，这项工作可独自完成，纵观历史，有不少突出案例证明过这种可能性。在如今这样一个时代，似乎成功都要依靠某种物质上的积累来衡量，这存在很大的弊端。要衡量授课效果如何，往往大家不去关注它是如何触及生命的本真，而是去统计招揽了多少名学员，赚了多少钱。而有三个至关重要的要素必须到位：第一，对于改变的渴望；第二，导师自身成就不依赖于学员的赞誉；第三，一个其他探索者的团组或群体，也许除授课之外没有别的共同点来分享此旅程。以我自身经验来看，一旦脱离了团体，自我会在进步上非常具有蛊惑性。

“我的导师比你的导师优秀；他知识渊博得多。曾在 30 个国家教了 40 000 多个学员。”诸如此类的言论与灵性没有丝毫关系。丘扬创巴(Chogyam Trungpa)将此等表述统称为“精神唯物论”。事实也许为真。这项活动确实能够改善我们的生活。无论如何，此类言论源于自尊。

我通篇尽量避免引用晦涩难懂的专业技术或外来术语，并且作为 21 世纪的今天已年逾 80 的老人，凭借我自身经历，力求达到教学的精炼。在身体上体验心灵的启示，正是本书的主题。让我们一同踏上这奇妙之旅……

本书的表达方式为西方文化背景下，如同当下直观的身体示范。

这样无所谓好坏，只是使其能真实呈现于眼前，便于任何人接受这些参数。也使得其他文化背景下有此良好愿望的人们能够通过自身直观而具体的体验来作出解读。我们不提倡试图借由过分矫饰、故作姿态，或晦涩难懂的外来语来获取灵性。仅从别处搜罗种种概念而不身体力行根本丝毫无益。甚至这些搜罗来的概念其实也是有害的，因为它们往往不久即被当做具体存在，并被视为真理。在接下来的章节中，我将力求避免使用任何性质的技术术语。我完全赞同这种观点，说如果某个概念无法以通俗的话表述清楚，就如同我们受邀参加某个高端排外的俱乐部，我希望能尽量避免这种情形。我完全理解，在某些行业或场合，特定术语非常有用，简洁便捷，可节省时间。但我认为更加符合人性的表达无需如此。

我相信，如果读者对于正在发生以及这些描述背后发生的事还留有些印象，那么接下来的章节读起来思路会更加清晰。

我的所有经验都说明，并且这种感觉越来越强烈，那就是运用我们自身蕴含的智性，将使我们事半功倍。这项工作最让我欣慰的就是，能够看到人们通过自身修行，而不是依赖于他人的指导，实现蜕变与升华。前者才是真正地赋予人们以力量，而即使是善意的指导，也只会削弱他人之力。

我们并不是在学习什么疗法，我们只是在自我本真的核心，通过对于生命根源感知的延展，修正和扩展我们触及生命本真的途径。

重传教，而非传教之人

"重传教，而非传教之人"，长久以来我已将这一理念奉为圭臬。写作本书部分源于我对自身困惑之真义的探求，那是一处巨大的宝藏，另有部分源于跟数百名学员的互动，在过去的 15 年间，我一直在与他们分享并探索自身的困惑。

后来我慢慢发现，显然不一定非要具备特定的职业标签才能做这项工作，重要的是想做的渴望。就拿现在的这些学员来说，他们来自于任何可以想到的职业，甚至有些职业看似最不可能从事这项工作。然而，我教的并非职业化的东西。我只是尽我所能与大家一同经历这趟旅程。

大约20年前，我听过一句威廉·萨瑟兰(William Sutherland)的谚语，他是整骨疗法的创始人，同时也是个空想家。毫无疑问他超越了他那个时代。他说过，人体有各种不同节律，跟医学上认定的心脏和肺部节律不相干，然而却能够轻易察觉，“你可因势利导”。他这番说法看似平淡无奇，可是一旦我以自己的理解接受了其中之义，就深深为之着迷，随后花费了近15年的时间来研究这寥寥数语，以及智性存在的内涵，而不是受制于心智。现在我和别人合作继续研究这些内涵，并不只局限于某种身心活动的领域，还扩展到整个现实生活。

我所写内容将对以上提及所有要点进行延展，并探讨我们如何得出相关结论。其中会涉及一些理论，一些报导过的修行，还有许多产生的功效，希望如此。诸位将受邀参与这些活动，至少在某种程度上，提供一些未经整理的资料，以及大家都能认同的反应，用来换取本真的揭示。那只能是本真，因为它是具体的，而非仅仅停留在智力层面的某个概念。

我或者其他任何人唯一无法教给你的就是，你应该怎样做！这个问题我也不可能知道答案。在灵性方面“怎样做”之类的初级读本实在荒谬之极。我希望这些交谈能够充当一面明镜，让读者能够从其映像中窥见各自对于本真的表达，并且反映出他人在为追求更高层次的自由而奋斗，从而寻求一套方法帮助你、我、我们所有人从加诸于身的枷锁中解脱。我的切身经历告诉我，我们真正需要的，是浸淫在由内心生发而来的况味之中，而绝非对某些片言只语的分析解读。

这里无所谓的成功或失败，也没有等级排名之类，有的只是感知的延展。作为回报，或者说惊喜，便是清醒地认识到真正的你，这堪称无价之宝。当然这些超越了理解。

请同我一道踏上这探索之旅。我相信这必定有所助益。我也希望你能够自己发现这一点。

1 深入定境

我无为，
而民自化；
我好静，
而民自正；
我无事，
而民自富；
我无欲，
而民自朴。

“道德经之道”，麦克尔·拉法格(Michacl Lafargue)译

贯穿于这项工作始终的关键词即是“定境”。我于 20 世纪 80 年代首次采用定境这一概念为主线，将其作为贯穿教学的一项要旨，它涵盖了领域内的万事万物。因此，“定境”这一术语在本书中占有突出的地位，这绝非偶然。

引用道德经中的诗词作为本章开头的目的有两点。其一是为了承认定境的重要性，这是我从所有工作中归纳的概念和经验。其二是为了表达对道家哲学的敬意。跟禅宗一样，道家哲学在我个人发展的过程中起到了举足轻重的作用。

那么现在我就要对以上诗句中所表达的感受作些扩展，探讨一下怎样将‘我无为’与精神成长相互关联起来。我会涉及一些专业理论，引用一些来自修习者的反馈，还有不少你我共同参与的活动，希望如此。我完全赞同这个观点：概念只有付诸实践，才能转化为真相。你将

受邀参与到这些活动中来，并且至少在某种程度上，提供些未经整理的资料，以及我们大家都能认同的反应。作为回报，真相将会得以揭示。它绝对真实，因为它是具体的，并非仅仅停留在智力层面上的某个概念。我敢肯定地说，如果我们全身心投入这项工作，整个世界将会变得更加美好。我们的感知才是我们拥有的唯一真相。世界是完全中性的；我们对它的认知即是真理。

本书无法教你应该怎样做！对于这个问题，我也不可能知道答案。所以任何强加此类范式的企图都显得如此荒谬。我只希望本书能充当一面明镜，让读者能够从其映像中窥见各自对于本真的表达，并且反映出他人在为追求更高层次的自由而奋斗，从而寻求一套方法帮助你、我、我们所有人从加诸于身的枷锁中解脱。我的切身经历告诉我，我们真正需要的，是浸淫在由内心生发而来的况味之中，而绝非对某些片言只语的分析解读。

我至今记忆犹新，曾经在北卡罗来纳州跟一群"老辈"学员探讨过，能否将这项工作概括为一系列标题词或短语作为参考重点。我们前思后想，琢磨了好久，最后得出十多个。正是这些词，后来又作了点补充，形成了本书的主题内容。它们统统都会在本书中出现，不一定按照顺序来，但迟早会在某个地方提出来。

根据我残存的记忆，是些这样的词：定境，正念，存在，信任，超脱，因缘，中庸，评判，本真，爱，空，惑等等诸如此类。我相信很多人还会想到好多别的词被遗漏了。以我的经验，当人真正沉浸于这些词所描述的境界之中，自然有可能会见到许多其他词的意象也在生效。

还有一次，在英国西苏塞克斯郡的邓克顿工厂，当时我们在那里新开设了一处教学中心，我在那里作过同样的尝试。所用的单词和短语大致相同，但附加了注释。事情是这样的：有好几个学员收集了些资源素材，要在教学中心布置一个宏大壮观的佛像，足有一吨重。我们开始着手为佛像准备一个相配套的布置，建造了一个大型、圆环状、精美的曼陀罗式铺装区，以及环绕其一周的冥想步道。佛像放置于一个特制的底座上，"开光"典礼如期举行，由附近的大丛林寺(Chithurst)方丈，阿姜·苏吉多(Ajahn Sucitto)住持。

回溯到施工阶段，当时我前文所述的那群学员正在邓克顿工厂参加一项课程，但是有人将我们刚刚提及的那12个词写在了纸上，怀着无比虔诚而真挚的心意，将其与鲜花一道，轻轻地放在了即将建造的佛像底座正中心。

次日清早，我们就发现有一只狐狸——在我们清理现场之前，这里本是它的领地。——趁着夜色，在那片黄纸的正中留下了它的印记，以示它无可辩驳的抗议。所以说，现实有着丰富多样的层次！只有我们保持正定，而非忙于应对时，才能觉悟到这些层次。

以我个人观点来看，在此12个词中，也许最突出的就是“定境”。

我们这里所说的“定境”，不仅仅指肢体运动的安定或心理活动的止息，更重要的是指一种本真的状态。这个层面上的定境，意味着不为任何外物表象“所动”或结附因缘。

完全有可能出现这种情况，我的大脑在高速运转，我的身体在剧烈运动，但只要我能做到，心如止水一般感知正在发生之事却不与之相和，仅仅安心做一名旁观者，那么可以说，我、真我已臻至定境，运动的只是大脑和身体。

> 水静犹明，而况精神！圣人之心静乎！天地之鉴也；万物之镜也。
>
> 庄子

这段引言要教给我们的重点并不是说天地万物是静止的——天地万物无时无刻不在运转变幻——而是说万物之镜清澈无碍。这意味着，我的心智处于清静之中，能够感知所有的运动，包括我自身感观的运动和刺激，但是心境不会为其所动或与之结缘。我认为再怎么强调这段话的重要性也不过分。有很多人会抱怨，每当他们想要进行冥想或禅定时，大脑就“嗡嗡”响个不停。这是大脑的本性，它本就如此运转，因为它还活着啊！矛盾之处在于，如果我们能寻得一种方法，不要给予关注的能量来助长它的活性，也许它也会像其他形态的生命一样，由于得不到滋养而萎靡，最终放弃活跃。然后突然会在某个时刻，我们感觉到自己仿佛置身于音符之间的空隙，获得了真正的定境。这是多么美妙的音乐！正所谓无声胜有声！

当我们殚精竭虑，试图摆脱世间纷扰的时候，是听不见它的，然而它一直存在那里：而当我们放下执念，不去强求，超然于求知之惑，它自会在这一刻显现。

以下是一名学员的反馈，可以恰如其分地说明这一点，说的是最近的训练课程中发生在她与另一名学员身上的经历。

> 我感到精疲力竭，捧了一杯茶坐在厨房里。
>
> 玛丽走过来坐在了我身旁，稍过了片刻，她说看得出我很疲惫。她把我的手放在她的膝盖上，我们继续闲聊起来。
>
> 就在我们寻常的闲聊过程中，我能感觉到她给予我的疗愈，那感觉真是美妙极了。
>
> 于是我告诉她："玛丽，知道吗，你正给我以疗愈。"她只是笑了笑。这感觉就好像她的双手有如高山一般的力量和能源。正是通过定境，我才了解到这一点。作为曾经的学员，同时也是作为一名修行者和患者，我理解这项工作。
>
> 还有一点特别值得注意，之后她把她的手放在我脚上，似乎想让治愈的效果更佳，但就在这时，那种定境的知觉，以及其中蕴含的能量彻底消失无踪了。
>
> 通过她的疗愈，我感觉被赋予了支持与生气。能够触及蕴含在她和我自身的这种能量，实在是太棒了。

这恰好是为我而言的，强调蕴含于本真中的绝对感知相对于动作反应的区别。依赖时势，顺势而为，很难，不是吗？然而，这是我们超越认识的局限性，触及核心的唯一途径。

在埃里克·希夫曼(Erich Schiffmann)的著作《走入定境》(*Moving into Stillness*，1996年版口袋书)中，也以另一种方式，恰如其分地论述了同样的道理。

"定境是一种动态，是一种非对抗性的运动，是蕴含于和谐中的生活，是行为中的技巧。任何时候只要你参与的活动是完全不受压抑，非对抗性的——当你全身心地投入某项活动时，就能体验到它。"

能够与另一个人或团组共处定境之中，这样的治疗如此令人愉悦。我们何需将其称为“治疗”？或可将其发展为一种存在方式？如果真如我们经常耳闻的那样，倾听能够起到疗愈的功效，那么心无挂碍，绝对的定境，正是提供了可能性，让经历得以完整讲述，让充分的倾听产生完美的疗愈。我们什么也无需做，只需不带任何评判地去接纳。而在这感受之中，自然蕴含着温柔而强大的力量。多么难能可贵！

定境是一种动态，是一种存在的状态。处在其中，对出现的所有感知都有所察觉，但并不执着于一定要作出反应。我们往往太过轻易对事情作出反应，尽管只需识别，无需任何智力上的演绎与判断。

定境并非完全休止，而是万物处于无为之中的自然状态。我认为可将其等同于智性本身，在其形成之前也被称为上帝、梵天、道、本源、上天的宠儿等等其他名称。身体运动可以有空隙，但能力或感知不存在真空。就像马达处于怠速状态时，齿轮肯定还在不停运转。

定境的价值在于，它代表着万物显现或形成的潜能。

何处寻得定境？定境一直时刻存于每个人的内心。定境是音符之间的间隙。定境即是不因自己的昨天或明天而感失落无力，我就在当下！

想要实现定境，我们就必须思考什么途径才能通达，怎样才能达到片刻正定？

这正是定境的微妙之处。我们无法获取或掌握它，没处去赚，当然更买不来。“我还要告诉你们，骆驼穿过针的眼，比财主进神的国还容易呢。”(马太福音 19:24)说的正是这个道理！想要达至定境，我们强求不来，而是要求超脱我们的得失之心，那些不知疲倦的利己行为——自我依靠这些行为获得认同感，也正是这些行为使其与本源渐行渐远。富人靠臣服于上帝而获入天国，我们所有人也都一样。

我猜想每个人都体验过片刻的定境，并且发现了那一时刻是多么富有创造力。也许在那一刻我们才能感受到彻底放松，安然于我们身处何处，以及自我本真。无论当时有没有其他人在场，无需做出任何行动或反应。顺其自然，我们只管随遇而安，顺势而为。假如有其他人在场，就把他当做是个婴儿或者爱人，无思无念，无欲无求。每个人都坦然接纳其他人的存在、互相的关系、及身处其中的自己。这便是共修中的定境。在共修中，协同优势会产生比各部分总和更强大的能量，这就是于定境、无为当中，相互关系所固有的事半功倍。

当我养成了这种超然的心态，触及心灵深处的正定，我就体会到能够从另一个层面去接近他人，并与之相关联。就是好比说，能够接近埋藏在他人（同时也是我自己）痛苦之下（也许更确切地说是"内心深处"）的健康。如果我们能够时刻铭记自己的内心深处存在定境，那么他人的内心深处也是一样。由此显现出一个显而易见的结论，在存在层面的接触并非相互孤立，而是融为一体的。从此再无你我之分。自这种未成形的潜能会萌发出重生的希望。这便是定境之力。

每个人都需要别人的倾听。但不需要别人为自己下评判，或者对自己的行事指手画脚。只是单纯地需要有人来倾听自己的痛苦、迷茫和恐惧。倾听即是一种疗愈，倾听得越深入，疗愈便越深入。我不记得起初从何处听说，但我有体验确实是这样。

处在定境之中被别人倾听，就如同向明镜中张望，现实是什么，就显现出什么。镜子不会有什么高明的意见或建议，它只会反映现实。如果我能够看清真实的世界——完全，彻底地看清——那么自然会明白该怎么做。在那一刻，我即臻至定境，处在定境之中，我就能关照当下现成，而关照当下，我就不会再像大部分时候那样疲于应付而失落沮丧。至少我能暂时保持警醒。保持警醒，我就能积极主动，有所作为；如此我就已从失落无力感中获得重生。

所有这些似乎都已隐含在本章节开头的诗句之中。最后一句还提到另一个重点，所有这些全都不是刻意为之，只是单纯质朴地怀着平常心。大多数时候，这是我的生活方式，印证着自己的习惯和定式，这可以说是一种病态。我们可以将其称为痛苦或不满状态。

要直达内心深处或者说核心的途径即是定境，或许这也是唯一的途径。因为采取任何行为或评判都会约束对本真的揭示。心智会作出分析，这是它的功能。但是，就其定义而言，分析即是对理解的消减，对信息流的约束。

几年前，我在尼亚加拉大瀑布前待了好几小时。我在那里时写了如下文字：

> 我在这气势如虹的瀑布前伫立良久，探究那令人惊叹的运动之中蕴含的定境。其中确实存在运动，同时也存在绝对的正定，纹丝不动。我认为，那就是瀑布的灵性而不是其实质。如果你也变为瀑布一般，就能领略到此境界。

据说整个宇宙就是从绝对的内在固有扩展而来，并且还在继续扩展。真正活在当下，不念及过去及未来，可以说就触及了那种内在固有，以及另一种截然不同的存在可能，无拘无束，不忧不惧。这项工作的目的即在于此，发掘这种可能性，并找到一条实现的途径。

让我们继续敞开心扉，迎接正定的体验，把它当做身体的知觉一般。如果我们体验到了，那么最好。如果跟显现的不相符，那也不错。无论感知中出现什么，且任由它去，心无挂碍或执着，不为之所困，在心中为别事留一份空间，等待它们自己展现，直至我们最终掌握诸般世相的内在。我也称之为"平和之地"。

我体验着定境之中勃发的优雅。当然，我希望能说自己以这种方式生活，但我承认这只是我自说自话。我能回想起的，有两次特定的场合，我达到了定境并产生了改变：其一是几年前的一个夜晚，我坐在自家花园里，心如止水。在那一刻无事可为。

这时有一种感觉从脚底升起，传遍全身，万物都在剧烈膨胀，异常强大，却又非常缓慢而庄严。还有一种声音，虽然无法听见，却能够感知。那是大地在呼吸。我深受感染。我这是疯了吗？不大清楚，但我想应该不是。因为自始至终我都有意关注自己的体验并试图维持下去。

还有一次就在最近，当时我正跟一群非常可爱的人合作，在课间休息时，我走到屋外，静静站着小憩片刻。这时出现一种奇异的体验，整个视野连同其中的一切，都从我眼前消失了。正当我开始琢磨发生了什么的时候，它又过去了。又是这样，这是真实的吗？我也不知道，但那又有什么关系？这世上存在很多种真实。

还有一种情形没那么显著，但是出现得更频繁，我在授课时，能意识到某些状态的变化。它没那么显著，我感觉它就相当于“界”，多年前当我还是一名运动员时对此有过感受。在这种状态下，我相信自己所说的话，并且用心倾听。不存任何恐惧，所有问题都能得到满意的答案。

定境是源头，由此生发之物不经由任何自我意识的筛选，所以在这种状态下不会存在恐惧。我不会再为发问者的地位、经验或是学识而担忧，我只是选择信任。

然后，我们大家可以来杯咖啡，用些点心。

我非常喜欢和吉尔·西法(Gil Siefer)互通邮件，他在纽约，是一位德高望重的心理治疗师，精通心理学，我把他当做好朋友，我曾非正式地召集了一批人，作为我心理学方面的顾问小组，他是其中资格较老的一员。我俩年龄相仿，而且都苦于同一种毛病，总是爱问“然后呢”，我希望能够一直保持这样的交流。以下是我们最近的部分交流内容，也许你们会喜欢。

吉尔写道：

> 我读了些拉马那·马哈希(Ramana Maharshi)关于定境的教义。我引用一段，想听听你的意见，他说的定境究竟是什么。‘定境意味着什么？意味着自我解构，因为所有的名义和形式都是烦恼的根源。我就是这样的我。在定境中体验到的自我才是真正的自我。’
>
> 因为你的工作就与定境有关，你能接受他的说法吗？

我回复道：

> 亲爱的吉尔，
>
> 感谢来信。
>
> 拉马那·马哈希是一位伟大的导师。我认为他内心的澄澈显而易见。即使当他的身体因剧痛的恶性肿瘤正徘徊在死亡的边缘，他的双眸也完美地诠释了那份澄澈。
>
> 以我浅见，我所能理解的是，那个“自我”，那个“曾经真正

的他”——也是现在的他——是具体的,但不是显现的形态。我想人们都可以自称所有形态,包括他的身体,都是自我的一种表现,仅仅是概念上的,以自我为中心的那个他。

你引言中他的说法我完全能够接受,从措辞上来说,对“解构”这个字眼我颇为踌躇。我更喜欢将这个概念表述为“开悟”,在定境这场永无止境的修行中开悟。领悟到是什么使我们脱离于内心的统一,并且从这种延展的感知中,得以窥见我们是否仍需要这种分离状态。如果不再需要,那就放下。也许从效果上来说,这等同于解构,但从概念上来说,较之解构需要的自我驱动力更小。

这些将我们从自我本真中剥离出来的习惯化,我称之为“粗略原初生活体验”。它有精巧的构造。那些是我们为保持自我认同(这里的 self 用了小写 s,当然是指自我)而费尽心力构建起来的,到头来它只是我所理解的自性本真存在状态的面具而已。真是笑话,所有恐惧都来源于这根本不存在的构造。在非固有意识中也不存在,除了相对的知觉没有任何实质性。

据我揣度,绝对的定境无异于“虚无”,包含万物的潜在可能性,只是没有表现在形式上,同时它也内化于所有形式的形成过程。

谈到这里,将它概念化是我这项工作的一部分,我想要去认识所有需要超脱的事物。我明白这些话语并非实际体验。

毫无疑问,拉马那有实实在在的体验。我只是在一些短暂的邂逅中体验过,然后刚想牢牢抓住,它就已经溜走了。我想大概我们都有这种体验。

在我看来,有一种相对的定境颇有益处。那就是观察出现的所有,可称之为世事纷扰,不掺杂任何评判,仅仅是冷静地旁观。你可以将其称为造化的见证者。我猜想绝对感知或可作为造化的体验。假如真的存在这种体验,那么造化之物与造物主之间也就无甚分别。在相对的层面上必然有个分界，造化之物从预先的存在创造而来，所以在相对的层面上，“无穷”这个词毫无意义，仅仅是某个自我掌握的一个概念，荒谬的是，在某种程度上它又与自我相分离。所以说，自我无所不包！

有时候，只是安静地坐着就使我精疲力竭。我觉得自己可以做更多像这样有益的事。尽管我似乎命中注定不会如此。

有时候，我觉得自我绝对是“平凡之福”。只需继续我每天在做的事，并保持少许感知就够了。要追求智慧，那得多烦心。

有时候，某个区域会显现，让我可以安静地坐着，或者听听那积淀之中会产生什么，不用为“处理它”而劳心。我开始相信这就是智慧。重要的是传教，而非传教之人。

爱你的，

迈克。

2　心灵幽径

灵性，就如同"道"一样，难以言表。对于此二者，一切能用语言表达的其实就没必要言说了，因为能用语言表达的只是"相关的"言辞，并非体验本身，因此只能形成一个概念。概念只是关于真相的表述，而绝不是，也永远不可能是真理的体验。

定境，空椅子，重传教而非传教之人，开悟等等，这些都是大而空泛的概念。无论我如何反复不断地描述、讨论、研读多久，只要没有亲身体验，它们永远停留在概念的层面。这项工作的全部动力都在于对其中之义的诠释。

那么，我们如何获得体验呢？显然不能通过苦苦思索；我也不建议通过修习、跪拜、重复诵念某个祷文。这样做或可锻炼出更严谨和清晰的头脑与身体，但还是无法获得真理的体验。

然而真理就在那里。它一直存在着并将永远存在。难道不是吗？也许正如我的提议，心灵，道，虚无——智性也许是其另一种表述——正是我们存在的核心，我们要做的并非去获取，而是放下，放下一切使我们无法触及它的挂碍。就是这些：从本源的分离，即我们所知的个人心智与自我；还有那个戒备森严的结构，即所谓的"我"。

我们现在要从笛卡儿的基础上更进一步。不可否认，他对西方思想的贡献巨大，但我们要向比隔离的心智更为完满的智性前行。

也许存在一种螺旋形操作模式。起初出现的是盲目的智性，然后是狭隘而局限的心智，最后才有可能出现觉醒"并"有意识的智性。

有的佛学思想家将弥勒佛——即未来佛——论述为集体感知的一种提高，而非个体开悟的存在，无论男女信徒。这与基督教对基督耶稣未来或最终形态的描述有异曲同工之妙。在这任一种情况下,只要感知得到充分的提高,那么又何须形式上进一步的表征?

另一种与这两大传统教义相似的说法就是具象化。耶稣即是通过灵魂气息由上帝化身的人形。按照佛陀的教诲,存在的最高形式即包含在"这个深不可测的肉身"之中。

然而,围绕这两大导师的教义而形成的那套教条式结构,似乎完全就是在重复概念及构建准则,而不是聆听那些永恒真理的启示,正如他们将自己表达为肉身——肉身一直就在那里,显现为许多不同形式。我们不必非要将智性的形式理智化或合理化。当然,我们也可以这么做,但如此将被定义或命名所局限。还有一种方法,心怀敬畏,审视所有与智性的形式相协同的表达,摒除心智的局限性。

在我看来,这不仅是弥勒的表达方式,另一方面也是作为凡人的一种圆满。

或许就隐藏于我们达至精神主体的途径背后:作为一种存在于肉身,并自肉身生发的启示。

我发现从中可获得极大满足,在任何物质层面,空无一物,无所求亦无所得。无人试图控制或独占某物。唯有我们超脱疏离感时,真理才会显现。有点奇怪的是——或者说非常显而易见——技术的进步,尤其是沟通领域的技术,使得弥勒越发可能实现,但同时希望又越来越渺茫!

我这种委婉说法想表达的就是,有许多导师都在研究这一主题。其中不乏非常优秀而诚挚的精神导师,和一些语言优美、情感真挚的著作,然而有点荒谬的是,可以说,当我们读过一些人们更具获取性的行为,有关精神的主题方面,却前所未有地更有内容可写了。

然而——这也就是我和其他人正试图讲述的——到哪里能寻得这样的导师或著作,将灵性与物化肉体的"启示"相等同,而不是与"有关的"智力概念化相等同?有许多人通过对肉体的修行来锤炼肉体和意志。

3 感知

我究竟是谁

无始无终，唯有过程。
灵魂转世。
生生不息
呈现与体验的邂逅。
层层虚妄。
我成其为我，又遭遗忘。
昨日如此，明朝亦然——或看似这般。
唯今不存
潮起潮落，
涛声依旧。
海浪之下，
唯有定境。
万物之源。
纯粹意识，
我忆起了我是谁。
浪涛翻涌，
唯有过程。

迈克·博克斯霍尔

在这里我想表达的中心思想即是，致力于一种更深层次，我们称之为精神的层面，是发自我们真性最深处自我的修行，而不是依靠某种锻炼来精进我们应对解剖学的精密度。

下文的大部分论述将辩证这些章节的观点，但从此开始我就要开张寻求协作了。

这个层面上的工作，我们不与他人——让我们姑且将他称为"客户"，——一道进行，此关系产生协同优势，完全是其揭示的结果在做工作。

让我逐句详述，解释清楚我想要表达的意思。

在此层面上，令我们各自分离的那些因素——个体的心智，个人的自我意识，或许还包含个人和个体的灵魂——只有这些都被摒弃，这种关系才得以成立。余下的即是本真的共性，亦即精神。

启示是指出现(或曰降临)的各种形式及现象，发自现存的虚无，永恒的当下，亦即现在。

无论什么使我们与客体保持接近或疏离，任其自然，意思是说，在那个层次上与客户接触，无论其是否存于他或我们的感知当中。只有这样协同优势才会产生。

当两个要素彼此接近，达到这样的境界，他们协同所及的范围远远超越各自所能，那么他们就实现了协同优势。在这种情况下，协同优势所产生的效力会超出正常预期。(这一定义要归功于《钱伯斯辞典》，*Chambers Dictionar*。)

这个层面的活动存在一种障碍，我在前文解释"关系"这个概念时有过论述。要摒弃我们各自的分离感非常容易带来恐惧心；分离感如此根深蒂固，以至于一直以来我们坚信，自己的生活体验就是我们自认为的那个自我。在现实中，那个人，我们心目中的那个"我"的形象，只不过是本质显现及降临，再通过有限压缩而成的外在形式而已。

本章节开头的那首诗想要表达的就是关于这种感知的主题。要意识到自己究竟是谁，就要将自己置于第一段提出的假想性测试。第二段阐述的是逐步潜入未知，隐秘的潜意识深处。最后两句探讨的是，在感知的最深处，最先自定境显现的启示。感知本身是无形的，在有形或无形之间没有分离——它表现的只是一种过程本身,未经任何加工的一种外在形式。

生活智慧

如何使我们的生活体现出智慧与热情,这是所有探索精神领域的修行者所面临的最大挑战。我们已经认识的真理,需要在我们的生活中寻求一种可见的表达方式。我们所有的思想片段、只言片语、行为举止,都有可能生动地表达出纯真与博爱。光是做一个拥有智慧的人还远远不够。坚信我们自己是真理的监护人,结果就会适得其反,将直接导致陈腐守旧、刚愎自用,或僵化刻板。思想和记忆都失去了解放或疗愈的力量。

永远不会有那种开悟止息的状态,好让我们依靠过往成就的供养而活。只要生命不息,智慧就永远充满生气,只要还在感悟生活,悟性就时刻自由奔放。如果不足以支撑我们挺过人生中难免的悲伤、迷惘和变故,那么再丰富的精神体验也毫无价值。如果我们不懂得如何触及他人的心灵,以及袒露自己的心事,那么再多的知识和成绩也都无足轻重。

克里斯蒂娜·费尔德曼(Christina Feldman)和杰克·肯菲尔德(Jack Kornfield)著“精神故事和心灵故事”摘自琼·史密斯(Jean Smith)主编的《日常心理》,三部,1997年,江河之源贸易社。

正念

“正念”这个词也许已在所有佛学典籍中有所提及。因此我执意将自己的论述限于引经据典,已有一位贤明的导师给出过简单明了的诠释。

五项精神力——信念、精力、正念、定力和智慧——是我们悟道之旅的最佳同伴。这些品质只有平衡发展才能发挥最强大效用。信念必与智慧相当，如此信念才不会盲目，而智慧也不至浅薄或伪善。当智慧超越信念，我们能够开发出新的范式来悟道，甚至所得感悟比自身体验还更深刻，但无法持久。信念可为我们的感悟作出品质的承诺。精力需与定力相当，努力将会为思想带来明晰、确知与精力，而定力则平衡于冷静与深度。不注重该平衡，努力将会使我们焦躁不安、精神涣散，而过分注重定力却不投入精力，则更接近麻木不仁、昏昏欲睡。而正念这项因素平衡所有这些因素，因此始终有所助益。”

约瑟夫·戈尔茨坦(Joseph Goldstein)，“寻求智慧的心灵”，摘自琼·史密斯主编的《日常心理》三部

4 因缘结附

永恒

如果你将自己与快乐捆绑，

羽翼丰满的生命将遭毁弃；

但如果你亲吻快乐，任其飞翔，

生活将永远处于蒸蒸日上。

威廉·布莱克(William Blake)

我们都依附于某些因缘。

这种依附表现为各种形式：我们依附于自己的国家民族、家世血统、宗教信仰、教育学历、饮食习惯，特别是自身的伤病缺陷等等。当然，我们也依附于自己的家庭，以及由我们所爱的亲人、朋友、动物等组成的生活圈子。

我们都依附于生活。

最重要的是，我们都依附于一个概念，那就是有个独立于所有其他实体，被称做“我”的实体。

奇怪的是，没有多少正经的调查研究提出过那个“我”。我确知自己的四肢、内脏、思想、情感在哪儿，但是拥有这些属性的存在并不能独立存于任何地方。围绕这个主题就够写一整本书了，实际上，也确实有许多著作专门阐述这点，然而，如果我们能够钻研得更加深入一点——难道我们会不愿意吗？——结果就是，我们认为分离的事物，原来只是虚无的各种形式相互作用，就其本质而言没有一样是分离的。我们都是条件的产物，仅此而已！

无论如何，我们始终坚实地依附于因缘，我相信，与其将这些结附的因缘转化为某个难听的字眼再费力摆脱，倒不如争取更为全面地审视我们已结附的因缘，接受它们并公之于众。唯有如此，面对业已结附的因缘，我们才有权选择是否作出应对，还是任其自生自灭。我将这一问题当做如下：我依附于各种各样的因缘，我不会提出其他要求。如果我想要摆脱某些因缘，我只将关注的精力倾注在我想要摆脱的、察觉到的问题会滋生出结果。其结果显而易见。

然而，与其粗暴地对待自我，倒不如心怀怜悯，将此因缘融入纯粹的感知，摒弃对它固有的评判，如此即可产生一定空间，使得此因缘蜕变为全新的事物。这是个创造性的过程。

对于治疗师而言，这种方法尤其适用于想要医治他人时。它如同一个巨大的钓钩，作用在于确保我和客户之间的能量关系维持在奋进的状态，而非空洞、放松地倾听——当然倾听本身也是一种疗愈。这种干预方式源自我在看待"客户应该怎样"这个问题时难免有局限性的观点。只要我能够提供足够广阔的空间，让客户充分展现他的完整的痛苦，不一定通过口头表述，不只限于表象的症状，如此一种固有的悟性就会起效，智性就会自己现身，而不仅是机械地遵循我的最佳意图。于是客户得以听见，也许有生以来第一次听见，她的本然真性发出的启迪，这只不过是虚无的一种表达，或虚无形成的一种形态。正如萨瑟兰郡的高论，"你可顺势而为"，与之共鸣。

这里有个小故事，出自于西班牙的卡梅·蕾娜利亚斯(Carme Renalias)，他完美地阐述了如何处理因缘结附，而不是试图摆脱它。

> 在一次修行中，我感到自己渐渐进入更深的层次，我能感觉到自己不再局限于自己的肉体和感官，甚至好像不再是当时的那个我，而是无处不在，无时不有。然后有关我孩子的画面一幕幕从脑海中闪过，我也不知这感觉从何而来，突然之间，我感觉自己回过神来，意识到我离不开与他们的因缘，一股害怕失去的恐惧心油然而生。
>
> 我达至一重境界，感觉不到任何牵挂，没有欢乐，没有痛苦，只有存在，但是害怕失去孩子的恐惧心如此强烈，一想到

要放下与他们的因缘，我就体会到莫大的痛苦与悲伤。悲伤正是如此。体验到这些意义重大，因为即使存在痛苦，但在这痛苦之下我能看到出路。所有体验融为一体，变为差异化的存在，在我的孩子与我自己之间，亲情化为一种恐惧心。直到我写下这些文字时，内心的触动还是未能平息。它让我体会到自己的卑微与温柔。在我们的一生中，会与许多事物结缘，我们的家庭、思想、导师，如你所说，还有我们的生活……但是我们经常忘记，所有这些因缘本是融为一体的。

以我之见，正如布莱克诗中所言，我们应当抛弃这种观念，总是想要与“好”的因缘捆绑，而对“不好”的因缘充满厌弃。一切因缘际会，无论“好”还是“不好”，当它们经过我们的人生，我们都应当给予亲吻。因此，我们应安守当下，完全活在当下，当下充分展现出全人类发展总和。

所以，请不要执着于摆脱因缘！

5 平凡

如前文所述，我认为我们在“轻抚环节”中作出的体验分享，也许要算这项活动最重要的部分了。其重要性在于会产生这样一种感觉，我们听到的是他人生活经历的具体体验，但它们已同化为“我”自己的了。

如果处在该团组有安全感和信任感，那么从中获得的启示，将比该发言者一生中任何时候的体验都要深刻得多。也就是说，她也是第一次倾听自己的经历。我们都在不断重复着失落沮丧，而从中得出的觉悟会异常深刻。由感知生发的选择也可能会同样深刻。一旦我实现习惯的状态，就有了改变的可能。我们疲于应对时无法作出的选择，此刻都能做到。

屡次三番，当别人在积极探索时，我们却只是安守于单纯接受的状态。有时会惊叹，一旦将感知到的亲缘判断，当做关乎个人价值连续性真相的表述来接受，就能与自己造成生活障碍的失落感相处得多么融洽。

有时候，因感知的虚弱无力而产生的改变非常迅猛。有时候，伤疤被一次又一次揭开，直到尘埃落定：“嘿，我能为此做些什么。实际上，我最好去做，因为没有任何人能代替我做！”不要在意“将会”怎样，没有任何人能替你做。

见证这些生活经历所得益处基本上毫无夸大。我毫不费力就能够感同身受，因为我充分认识到，我听到的经历同时也是我自己的生活经历，也是全人类的经历。处在不同的文化语境和时代背景中，故事的演绎会千差万别，但其本质始终如一。变的只是表现形式，并非本质。

还有一件事我们已在别处探讨过，也经常在讨论会上提及，那就是个人心智与智性之间的差别。简单扼要地说，为达到此目的，心智与智性之间的关联方式，就如同二极管在晶体管上搜索并发现无线电波。我仅仅是画示意图来类比，并非引用科学原理。当我深陷不能达到"科学"的孤独感时，我参考过鲁珀特·谢尔多雷克(Rupert Sheldrake)和他的"形态共鸣"假想，在此深表谢意。

然而，就在最近发生的一些新鲜事令我异常振奋。人们对反应的范式显现的启示不再有愤怒、羞愧或是惊奇的体验，不再感悟"我是何等愚蠢"，取而代之的是，他们开始探讨自己正在体验的"平凡"，因为他们已触及更深的心理层次，而这是通过触及并接受身体表象才得到并揭示的。并不是说痛苦将不复存在——痛苦还会有很多。而是说能够观察和感知到痛苦，但承受的煎熬更少，甚至没有。能区分这两种境界吗？我相信你们可以。

假设我们可以确定，在某个地方，某个团组中发生的事，不知何故往往在另一个地方和团组的环境下早已就位，这就是我所说的"形态共鸣"，那么此时会产生真正的突破，戒除执念或减轻执念。这种情况发生时，我会感觉正准备做的事已经基本完成了。我们只需保持警醒，不要又陷入僵化的旧模式还浑然不觉。

我一直在说我要做的就是"无为"。我妻子不断提醒我：你无法做到"无为"——我同意——你能做的就是"信任"。我对此修正感到满意。

自从几年前开始这项工作，我的目标一直就是，当我们深入自身的存在，即人的精神时，揭示那些原本就有的道理，而不是动用某些哲学或宗教，并试图附会。

总的来说，我已经尽量避免运用任何教条或是"某某主义"。我在很大程度上回避了梵语、巴利语、意第绪语、汉语、日语、阿拉伯语、波斯语中那些晦涩难懂的术语。如果真理存在那里，它自会适用于我们的时代，我们的地域和语言。我们未必非得变成另外一个人，另外的肤色、语言和时代，才能觉悟自身的能力。我们必须要做的唯有放下重重戒备之心，以及妨碍该能力实现的疏离感。

我们尝试着通过共同的协作和感知，组成一个群体，作为所有人安全的港湾。在这个空间里，戒备之心将在无形中被化解，以便我们逐渐认识到余下的是什么。

原来最终余下的就是"平凡"。是生为平凡人的幸福！

除此之外，别无他物。保持警醒，保持交流，以使我们时刻意识到习惯的力量，以及它们如何轻易就能迅速形成。

经我不断回顾，自始至终，这项活动主要参考了耶稣的具象化生活和范例，以及佛陀的言传身教。我相信，有了这些范例的参考，能够有效地寻得"活在当下"。当下在哪里呢？对呀，有一种伴随我们从生到死的当下，就是我们的身体，尽管我们尚未意识到这个事实。

> 有一件事，如果悉心培养，并定期修习，即可达至深层次的精神意向，心境平和，正念专注，洞察明辨，令眼光和学识更益精进，实现当时当地的幸福生活，登临智慧巅峰，尝得觉悟之果。这件事是什么？那就是专注于身体的正念。
>
> 萨题帕塔纳·苏塔(Sattipathana Suta)，佛陀

平凡的开悟

通行的观点告诉我们，为了达到开悟，我们必须脱胎换骨，变为不同以往的全新自我。不知何故，我们的本质和组成都是如此粗鄙而卑劣。想要开悟，就必须摒弃自己身上所有的不完美之处，通过某种炼金术般的过程，将自我蜕变为一种"超我"。

首先一点，或许是对此观点最有趣的分析角度，就是涉及评判的人同时又自称没有评判的资格！这让我想到了格罗克·马克思(Groucho Marx)，他有一句话非常深刻，说如果有哪个俱乐部希望接收他为会员，他就不会屈尊加入了。

以我之见，佛学的精髓在于，我们都是受过点化的人，只是自己已经忘记。我们忘了自己原本是谁。我们认为自己只是生活体验的集合，却忽视了那些隐藏在未消化的残渣下的存在，那些残渣我们一直无法放下，因此一叶障目，看不清自己的过往。

凡事都可以换个角度，以另一种方式来审视。如果我们是受过点

化的人,那么此生的任务,至少部分任务即是触及那个真正的自我,因为假如我们无法相信自己的判断,就需要进一步努力去感知自我,不带任何评判。然后或潜移默化中,或顿然觉悟间,我们更清醒地感知到真正的自我,以及自我的形成,并且接受了这一切,而不存任何否定现状或成为别样的希望。

那么,如此就达到了开悟的第一层次:感知。仅仅是感知而已。

并不是说开悟的感知是不分等级的。我确信有等级之分,但那些只是这第一阶段的扩展——获得真正自我的感知,而不带任何评判。

我见过有许多人努力进行冥想和其他修行,往往非常勤勉地坚持多年,坚信能够通过努力蜕变为崭新的自我。遗憾的是,努力与强求换来的只能是继续努力与强求!以我之见,看来更加合理的做法是,坚信在此时此地生而为人即是我们的全部所需,要尽力探索的是我们作为这样一个人的意义。

这意味着,如果我感到愤怒,那么愤怒是生为人应具备的一项属性。如果我感到快乐、恐惧、悲伤,不管怎样,所有这些都是生为人的属性。如果我在某个方面自责,或在另一个方面自夸,那根本没有意义,因为那只是我当时所处的一种状态,并非真正的我自己。所有的情绪本身,没有任何值得责备或值得称颂的。如果我能只是去感知该情绪是怎样的,而不将任何执念的精力注入其中,它就会自行消失,从而被新发生的事态取代。没有任何事物是静止的,除非我们认为如此。宇宙万物都处在运动之中。

因此,让我们回到开悟这一主题。对于我们所有人而言,开悟的主要障碍就是妄下评判。我这里所说的评判,是指分析和关键性的考察。这会让已揭示的真理变为概念。

如果我们想到那里去寻求开悟,将会无功而返。如果我们想通过某种修行或苦禅来追寻开悟,也将徒劳无益。实际上,任何途径,只要将开悟视为某样非得去获取的东西,那么就都行不通。开悟并非心智的某个目标,而只不过是真正自我最基本的天性,当我们丢弃那个所谓“我”的戒备之心导致的疏离感时才会出现。仅此而已,不存在更多的二元性。

这让我想起了纳斯拉丁(Nasrudin)的故事。一天晚上天黑之后，他在屋外的路灯下不住地徘徊，目不转睛盯着地面，好像在找什么东西。不久一大帮朋友和邻居都加入进来，在路灯下来回走动帮他找。

稍过片刻，有位朋友问他："先生，你在找什么？"

纳斯拉丁答道："我房间的钥匙。"

答案令人满意，于是提问者和所有其他人继续转悠，继续寻找。又过了一会儿，这时大部分人还在那找呢，不知该说他比其他人更蠢还是更聪明，有人大叫起来："先生，你最后一次是在哪儿看见那些钥匙的？"

"在屋里，"纳斯拉丁说，"但是外头更亮堂点啊！"

我们就跟他一样。在光亮的外面寻找开悟，所有其他人也都在那里寻找，但其实它一直都在这里，在我们的内心。

6 平凡之福

要做个平凡人真难！我们都希望自己有个性，独立，比别人更优秀，或者在某些情形下，如果我们一直有种自卑情结而非优越感，会希望自己比别人差。

分离所导致的问题在于，它将我们置于一种很狭隘的境地，或许因此使我们具有很强的戒备心和反应。在自身的疏离中，我们只是由理应的存在产生的一个微型抽象，只要我们能够实现自身无限的现实。

关于定境，我们已经探讨了很多。大部分时候，我们都是将定境作为一个对象，一种工作中使用的工具来谈论的。而实际上，动态的定境是存在的一种状态，并非我们做出来的，你满可以将其视为上帝在关注。

有一次，有人将我的工作描述为教人们"坐下来听从命运的安排。这就好比，看见有人落水，我告诉他们，要相信自己固有的智慧，让他们自己游上来，而不是将绳索扔给他们。是的，系统的固有智慧完全懂得如何自愈，但有些患者需要别人辅助来达到这一点，所以不是说始终只要有定境和倾听就够了"。

恐怕这个观点对于定境的理解是不完整的。大家都在谈论定境，都将"定境"一词列入他们的教义。但似乎绝少有人真正理解怎样一种存在状态才能称为定境。

如果看见有人溺水，我当然会将绳索扔给他们。实际上之前就有过两次，我甚至跳入水中将他们救起。两次我都熟练地运用了机械式人工呼吸。其中一个救活了，另一个没有。我发现他时，他就已经溺水10 分钟之久了，我对着尸体做了 20 分钟嘴对嘴人工呼吸，直到医务人员赶来接管。

另一方面，有人会主动找到我，说："我也没什么不对劲，就是总感觉还有什么别的事！"或者，"我好像失去了什么，完全彻底地失去了"，每当这种时候，我只想安静地坐着，心如止水，静静倾听。在虚无之中，故事得以讲述。不发表任何意见看法，也没有任何评价判断，只有虚无。倾听之中自有疗愈的功效，虚无的深度往往反映了疗愈的深度。

你也许会感兴趣，要知道在"听"这个汉字的意象中包含五个层次：听而不闻－假听－选择性地听－专注地聆听－设身处地的聆听。详述一下就是说："我坐着，动用所有的感官系统，完全专注于正在讲述的故事，用心去倾听，不妄下评判。"也就是说，不掺杂任何我个人的加工处理。我不用给出任何反应或建议，只是静静地倾听。这是多么强大的动力！也许我们都不记得自已以前也曾体验过。

很多国家有不少医师开设课程，仅仅为了他们与客户在深层次合作所产生的体验能够获取功效。有时候，这些体验显然跟他们曾被教过应具备的体验格格不入。

就像几乎每个状态或情境下，定境都可以分很多层次来解释。有必要反复重申，定境有一种绝对有效的层次，仅仅是指静止不动。还有一种绝对有效的层次，意味着有运动存在，但观察者不为该运动所牵挂。定境还有更深层次的内涵，简直可以说是所有创造力的源泉。

每当某个层次与其他层次的含义相混淆，困境就会随之而来。还是将属于恺撒的东西归还给恺撒，属于上帝的东西归于上帝吧。

就我而言，这个主题变得越来越重要。在所有的沟通和关系之中，把握正确的层次显得至关重要。

《男人来自火星，女人来自金星》(*Men Are From Mars*, *Women Are From Venus*)这个标题揭示的含义即是，如果我们不能用同一个地方的语言来交流，就会无法理解彼此。我们相互之间永远遥不可及。

对于我们自身来说，来自何方，可以描述为精神领域，有必要稍微放弃一些智力上的要求和规定。也许，我们不得不承认这样的事实，虽然智力是精神无数种表现形式之一，精神却不受制于智力。我说这些想表达的意思就是，再怎么努力，花费多大的艰辛，也并非通往精神启示的途径。正确的途径在于放弃构建,也是每个人自我的最伟大,最复杂之处。自我是一种构建,可以说,除了我们认为归属于它的,它没有任何固有的存在。

我用了“精神”一词,其含义相当普遍,是有因果关系的一种集合体,并未与其任何表现形式分离。我指的并非我个人特例的东西。我承认每个人有各自的灵魂,但是就我个人已知的个性,那只是共性灵魂的一种表现形式。据此推论,当时机成熟,自我和身体已达到目的时,我将会失去这种疏离感。

“精神是什么?”似乎对我来说,这个问题太过复杂,但还是有必要与它纠缠一番,否则,我们又要继续陷入对自我相对价值的评判,以及我们完成的工作之中了。

看来我在一些圈内造成了误解,因为有些人将我在课堂上和书本上所讲述的内容,解释为我建议有些工作由他们自己来做会比其他人来做要更好,还有些人解释为,我的帮助和授课比其他人更好。对此我深表遗憾。

实际上,我完全没有此意,与我合作过的人都能理解并完全接受这一点。他们所获的体验为他们的所为增添了另一个维度,或放下了局限性的偏见,而并非为他们的所为寻找到其他的选择。这是一种二者得兼的状态,而不是非此即彼的关系。

这种更高级层次的感知经常出现在人们的行动和认知当中,这些人正从事相当机械单调的工作,或者是有着更加隐秘深奥的世界观。

我有必要设想,到目前为止,这一直是左脑对于主观事物的一种概念化解释。让我尝试通过简单的画面来说明。

我可以挑一块大理石,刀劈斧凿,做成一尊佛陀的外形,我也可以对着大理石陷入沉思冥想,只是让佛陀的精神自己浮现。对斧凿的需求并非对精神的退让,相反,这一行为本身就是精神的一种表达方式。当然,在这个例子中存在这样的假设,我知道如何成为一个雕塑家,已经学会了手艺,有了这方面的技能,便于我审读这块大理石,并通过塑造的形象来表达。或许这不是智力层面的学习,而更像一种深层次的领悟。显然米开朗基罗在思索大卫雕像时就是这个状态。

然而,我们完全可以由此崇高的范例引申,举一反三,认为精神同样会呈现于世俗行为,诸如每周一次的购物,清洗打扫洗手间,等等。

所有的行为,思想和言论,都可以在正念专注的层次和完全感知的状态下来完成,或者也可以机械化地进行。我认为,这当中一直表现出明显的差异！我将此语境下的精神等同于正念。这些词全都熔为一炉——正念、精神和当下——并且相互关联,有时候我们需要同时运用此三者,才能描绘出生活的全景。

重点是传达这一理念,让人们理解当精神融会贯通并由此生成万物时,万物却不会表达精神。

层次需与沟通相一致。智慧就存于心中,是诗意具体清晰的表达。那颗心甚是聪慧,它一直在搏动,输送血液至周身循环,这种说法相当接近但并非精神的表达。这两种说法都颇具价值,并行不悖。客观上来说,无所谓哪一个更好。如果你是一名神秘主义者或者医生,从主观来看也许其中有一个更好些。——仅此而已。

你是否曾经有过非常深刻的体验？或许这种体验近乎无法抗拒,以至所有的事有条不紊地沿着应有的轨道运行？你可将其称为“尤里卡”(顿悟)的时刻。当这种时刻来临,你是否向他人描述过你的感受,想与之分享？你是否几乎第一时间又希望自己没能这么做？原因很简单,你描述的和别人接受的并不在同一个层次。这种情况屡见不鲜。

要达到开悟,最大的任务之一即是从感知中摒弃评判。无可无不可,就是要这样。不存在孰优孰劣。仅忠实于客观。孰优孰劣取决于我原初生活体验。

是否任何评判都能保证确凿而客观？我不敢确信。原因在于,我认为触及灵性这一主题时,需要非常开明与警醒,我们坚定拥护的任何一个观点,都只能反映我们自己的经历,而并非事实的陈述。事实当然就存于其中。它还有何处可去？但是,它会毋庸置疑地揭示事实的自述,而并非我们要陈述事实。

也许换句话来说即是,当我们彻底处于的定境,心中不存丝毫杂念,无限接近的事实就会也许通过语言自我表达出来。事实与表达事实的手段合二为一。

我们一直在回归这一理念:重要的是传教,而非传教之人。那么就提出这样推论:我们是从一个特定的层面谈论事实。每个层面从哪个层面产生都有一定的根据。我们不能说某个层面的事实在其他层面就一定有效。正是因为人们不能认识到这一点,才会有这么多固执的偏见和曲解。

在最深层次,除了对于精神的动态表达,没有什么可以在主/客观的关系中对精神起作用。

我们绝对无法通过自我或是心智来达到这个层面。我相信在这个层面通往修行的途径,即是超脱自我,超脱心智,不助长防备或进取之心——所谓的"或战或逃症候群"。超脱的好处之一在于,当它作为一种真实,切身体验的感触,而非概念时,就再也没必要否定他人的体验了。意识到其中的差别就已经很好。也许我说的实际上是衰老的问题:可以如此安然地接受,而没有必要如此挣扎。

这并不是要建议我们抛弃自我和/或心智,而是说我们要不时地超脱,将它们放下,交给上帝、道、精神,或是其他你喜欢的任何称号。超脱这个概念并不太受欢迎。它看似包含着不幸的暗示,易引发恐惧心。但有段名言论及这一点,出自老子的《道德经》。

> 圣人不积。
> 既以为人己愈有。
> 既以与人己愈多。
> 天之道利而不害。
> 圣人之道为而不争。

关于心灵的途径有个奇怪的现象,人们愈发深入其中,它就愈发显得平淡无奇。大音希声,大道至简——想要特别的只是那个自我——而原本的平凡开始感到这非常地病态,事实上也确实如此,因为它从来都只是原初生活体验长期积累而成。

7 爱与恐惧

我们总是习惯于借由外物探寻自身，认为我们可以从他人，或是佛陀，或是他的教义（佛法），或是我们的团体（僧众），从别处获得自身的智慧与慈悲。但你自己即是佛陀，即是佛法，即是僧众。

一行禅师，摘自《来自内心的答案》，Parallax 出版社，2009 年

我想这段话会有助于我们对于“爱”与“恐惧”的研究。我在最近几次课程上对这两点特别关注。

在本文中，此二者表现为感觉或情感层面凭空产生的两种最基本情感形态。所有其他情感只是其中任一项的进一步发展。

相对来说它们在感觉上是相反的。我说相对，是因为作为表现形式，它们不存在固有的确切实体，而只是存在的情感层面上对于外界刺激的一种反应。“当条件满足这个，就会出现这种情感，当条件满足另一个，又会出现另一种情感。”正在发生的事和我们构建的感官系统之间，存在某种关联或相对性。我们姑且称之为“共修”。只有处在定境之中，才有可能看到这些作用。

这些情感并非存于某个绝对的层面。这种说法绝对正确；但是在我的相对关系和“我”的层面，这对我来说毫无用处，只不过是个概念。严格来说这只能算是一种体验。

因此我现在论述的部分必须维持于一个相对的层面，必须作为概念的所有解释。这很难掌握，但所有关于“绝对”的陈述都是如此概念化的。

我们当中有些人,无论刺激来自外物还是内心,都能在感知上对环境产生恰当的情感反应。可是还有些人存有隐藏的秘密,甚至不可抗拒地将我们逼得简直快要淹没在情感反应的海洋里。

如同所有的相互对立,当恐惧占据主导,爱就更少显露,此消彼长,反之亦然。

我将爱与恐惧当做一种计量单位,也确实就是,一如光明与黑暗;其中一方显露几分,另一方就减弱几分,此消彼长。一方完全展现时,另一方就从认知中消失得无踪无踪。这种思想异常强大。万物不灭。这些情感保留了人们的部分体验。

我的建议是,我们不一定非得有什么目标不可。如果我们能够培植爱,我们并非在摒弃恐惧,我们做不到,但尽我们所能去培植爱,将我们的感知放在爱上——放在爱的启示上——也就相当于在消减我们对于恐惧的感知和牵挂。于是,爱,不一定是投射在某人或某物上的爱,就会在此刻变为一个出发点,我们所有的情绪都由此显现,这也就成了我们授课的基础。无论何时,只要我们从这个核心或基础出发,就会始终处于如运动员所说的"界内"。只存此念而不带任何特定,明显和独立的原因。我们可以让工作自行运转,让身体自行进入最佳状态,或者在教课时只是倾听教义的传达。也许可以这么说,教义自行讲述,我只管来者不拒地倾听。无论那一刻持续多久,不存在什么需要"我"去构建。(我此刻突然想到,同样的范例随处可见,作用在我们生活的方方面面,并非只限于情感领域——但也许那属于另外的故事,超出本书讲述范围了。)

我想说,是我们在表露情绪,而非情绪表露在我们身上,原因在于,我认为情绪的形式是我们直观生活体验的一种反映或表达,而不是某种外物赋予的东西。就此而言我们都是受害者,我们都未能意识到这一点,但允许自己对那些积蓄已久,未经宣泄又不再发生的情感体验集合产生反应。

关于苦难的这层定义——因为这才是现实的真相——是否从基督教的观点难以理解?(基督教观点涉及面广,佛教亦然。都有好几个层次,我将这一提法引申至所有宗教。)我不确定有必要这么困难。"难道你不‘知道’你的身体是灵魂寄居的圣殿吗?”(哥林多前书,第 6 章;我特意将“知道”加上引号,强调与“意识到”相呼应)。圣女大德兰(也称为阿维拉的特蕾莎,St. Teresa of Avila,1515—1582)坚称,最一流的研究应当针对我们自身。

以此类推,我认为对爱与恐惧未必要去设计规划,但对其本质要有所认知,因此我要进一步提出,不必为真知(诺斯替教用语)规划,寄居其中的圣灵自会将其揭示。

我经常用“启示”这个词。启示不会产生于忙碌。在忙碌中空间过于拥挤,填塞了各种体验,已腾不出地方供认知扩展。

放空难能可贵,但是如果培养这种心态,戒除意识运转产生的执念,将大大有助于抑制外在形式被注意力所激活时的活跃。定境并非什么行为,它只是对活跃不予关注的一种状态。如果我们试图在某些心理治疗模式的解析物化过程中摆脱它们,通过这一途径,将自身情感更完满的感知(它们希望被倾听)与更少供养它们相结合,也许会对我们更有助益。

“神所赐的平安超越所有理解,必在基督耶稣那里保守你们的心怀意念。”(腓立比书,即新约圣经 4:7)。如果不是外物赋予,服从于心智,那么谈何“超越所有理解”?

有句话也许可与此番言论遥相呼应:“涅槃超越极限”,四大法印之一,正如其名,它定义了佛教徒。在这里“超越极限”意味着,不以心智受制于任何概念,或是“超越所有理解”。如果我们洞察现实的本性,就有可能达至此思维止息的境界,正如第四法印所说,“这种思维止息或解放,才是真正的平安”(达赖喇嘛)。

我认为基督教和佛教在对精神/虚空揭示的启示上,观点相当一致。二者都是难以名状却成形于相对的“我”身上。相对的“我”即是上帝居于其中却又不是上帝本身。不同于令人费解的绝对层面,否则我早已将“绝对”压缩至某个概念或对象了!

若识自性，一悟即至佛地！

较之幸福，我更愿栖息于平安，幸福是一种被动状态，而平安可以说是一种主动行为。我极其推崇这种观念。

这一小段话出自安东尼·布卢姆(Anthony Bloom，安东尼大主教)，由雅各布·尼德尔曼(Jacob Needleman)引用，刊载于1980年杰瑞米·P.塔契尔/企鹅出版社出版的《失落的基督教》(*Lost Christianity*)。安东尼说："人们在祈祷中是脆弱的，热情并不高涨。然而这些仪式就具有如此力量。它们如火车头一般冲击你的心灵。而你必须表现得热情不高，冷漠排斥——但要开放地接受。此即禁欲主义的总体目标；变得开放。"我读到此处，对这番话沉思良久，"让工作自行运转"，并再一次认识到，其实我们都是一体的，而其余皆是教条……每念及此，喜极而泣。

平安，超越了所有理解的平安，是爱与恐惧共同的本源？据我体验确是如此，但我尚未学会如何开启！

是的。当其余一切都已超脱，当理解的努力都已放弃，确是如此。

本章的观点在此完美呈现，那是最近我从尼古拉·戴维斯(Nicola Davies)那里收到的一些回复。

> 迈克，这基本总结了我上周在法国的生活。对于到那里去的强烈抗拒，困惑与全然不知所措，我一直承受了好几个月。在上周，我经常感觉自己就像关在笼子里的动物，焦躁不安但精力充沛(我每天夜里只睡两三个小时)，并且对我的捕获者怀有深深的不信任。我时常盯着你座位背后的那座山出神，渴望跑到那座山上，跑进山顶的树林里——我感觉自己充满野性，满脑子的胡闹与嬉戏，还有对于自由深深的渴求。对我来说到法国来是一次极其艰难的抉择。内心的抗拒如此强大，但是有些事让我非来不可。来参加课程的一周前，我正在树林里遛狗，这时我忽然停下来，有个念头一闪而过，意识到我无法在什么事情上面做得更多了，我只能任其自然——仅此而已，没有商量的余地。

这就是我每天早上在工厂的船上所做的，我只是想有人能帮助我，给我勇气能够面对任何突发的变故，永远不会逃避。在那个星期四，发生了一些变化，我猜想自己已进入一个新的层面了，或者说变得具体化了。由此多了点信任感，既来之，则安之（我指在这活着），以及极大的解脱感。在具体化二课程之后，我对你有些恼火，迈克（实际上我待了三个月）。我对你和这项活动失去了期待，感觉非常不适。我不知道是什么带我来到法国，但是就是有些事告诉我必须要去，很高兴我真的去了。过去的几个月我的心脏一直疼得厉害，我告诉过你我患有心悸，那感觉就好像有把钳子将我的胸膛夹碎。——我一直坚持跑步，这毛病让我没法继续下去。但今早我试着跑了很长一段，情况完全不同了，胸口感觉非常畅快，我感觉自己不是出于愤怒在奔跑，而是为了追求奔跑的快乐，因为我能够做到，而且完全无拘无束——这种感觉非常美妙。像往常一样，我找不到合适的语言来形容。

谢谢你，迈克。深爱你的尼古拉

我们这组的所有人都在最后一天被尼古拉那出众的平静气质深深触动。该活动已圆满完成，我们大家都获得了祝福。我们的成员迈克尔将他的感想表达如下："我认为这次三段式课程有一点最令人满意，那就是本周末从尼古拉身上散发出的平和，辐射至身边的每一个人。"

为了有人
在旅程的终点，
能够放下悲伤
完全获得自由，
解脱所有束缚，
不存丝毫狂热。

《法句经》

我渐渐感悟，所谓的旅程存于我们的感知，存于当下，而并非存于概念化生活的线性过程。悲伤依附于虚妄。自由近在眼前，无关乎反应，束缚即是原初的生活体验，而狂热是心智的挣扎。

8 困惑之福

紧接着上一章探讨的恐惧心,现在让我们来看看恐惧心的进一步发展——困惑感。我的大部分工作都围绕这一主题构建:如何应对困惑感。我自己就有很强烈的困惑感,但我将其转化为一种资本。

> 根据埃里克·弗罗姆(Erich Fromm)的观点,如果说实现"成熟者"是东方禅宗与西方心理分析的共同目标,如果说达到此境界的人都已摆脱琐碎的恐惧与困惑,即是个人单方面合乎逻辑的理性倾向,那么人类就有希望更好地把握现实的意义。这意味着,摆脱所有形式的贪婪,克服自我崇拜也就变得不言自明。因此开悟或者我们试图定义的启示,说到底可以作为实现"成熟者"的一种手段,在尽可能广泛的内涵中,在整个人文主义参考框架内,达到成熟的巅峰。
>
> 保罗·诺伊马克特(Paul Neumarkt)刊载于2002年《进化心理学杂志》

值得注意的是,弗罗姆的引言中有这么一句,"摆脱琐碎的恐惧与困惑"。他并没有说"摆脱困惑"。我想,虽然心怀深深的困惑,但我从这种说法中得到了莫大慰藉。

作为一名教师,同时也是一个普通人,或许称为教课之人更为确切,以此将"我是谁"与"我经常所做之事"区分开来,我并不苛求尽善尽美。我的任务只是努力加深我们对"困惑"的感知,并日益增强与之共鸣的能力。我将尽可能完整地以所见的本真来诠释共鸣,不妄加任何评判。"不妄加评判"是其中难点,同时也是要通达感知的难关。

已经持续多年，每年到了这个时节(2 月份)，我似乎都要进入一段“意志消沉”期。在这个月我整个人都变得“大惊小怪”。对我来说这段时期就像是死亡的先兆，这也是我为什么能教“困惑之福”的切身体验，甚至可以说是我之所以教这个主题的理由。

要说我们每个人或多或少都会遭受困惑。大部分情况下，我们都会尽力摆脱，至少会尽力掩饰。我们几乎从来没想过把它当做上天的恩赐，让我们始终处于当下现成的“风口浪尖”，去面对那个处在所有反应与虚弱无力之下的真实自我，它源自我们对于原初生活体验积累的认同。我们并非这些体验本身，但我们会非常容易成为其受害者。

对于这个“风口浪尖”，有一种非常贴切的说法，将其比喻为“刀口舔蜜”。这正是应对困惑的精髓所在。

我习惯于工作第一。并非本性如此，我反而为其所苦。我坚持每天抽出点时间来做修行和冥想，这样我就能主动发现这种苦恼而不只是被动反应，于是得以给予自己些许同情，将所有的“应该做”从肩头的重担撤下，同时我很清楚自己在做什么。在这种非常清醒、不存任何概念化的状态中，存在一种解脱：我明白自己正在冥想，并非不得已而为之，然后苦恼就不复存在了。

我教这门课程时，从不会摆出居高临下的姿态、带着优越感来教，而是出于对所有痛苦的感同身受。课上提出的主题有人类，瑕疵以及所有相关内容，看来学员们也都很欣赏。这里有共鸣，有共修，没有说教。在另一章节将会探讨“重要的是传教，而非传教之人”，本章节可作为该主题的导言。

跟许多普通人一样，当我放弃修行，遭受了各种危机，它便提醒我不要疏忽大意，于是我有了重新选择的机会。这便是它带来的福祉。

我们很容易相信，我们的所思所感即实际构成了自我。我心里明白自己并非如此，浮现的任何知觉和思维并无内在的永久性，这我知道，并且这也是要成为佛教徒的基本因素，但根据经验，我们的感受并非如此。我们只能感觉到空虚无力，而我们要获取的感悟即是超脱这种空虚无力感，不被其左右。

我们来看一下佛教是如何讲述这种空虚无力感的。其中有四大基本原理(即四大法印)。

1. 万事无常,万物皆空,不存任何永恒的事物或永恒的观念。

2. 一切情感皆生痛苦煎熬,没有任何情感是纯粹的快乐。

3. 诸般世相如梦幻泡影,皆是虚妄。

4. 开悟超越所有概念。

顺带说下,宗萨蒋扬钦哲(Dzongsar Jamyang Khyentse)曾经这样评价开悟:“并非完美幸福的天堂,而是对虚妄的解脱。”

许多人都听说过著名的佛教四大真言(即四谛:苦、集、灭、道)。这四个字意义重大,是一条通往更加专注生活的康庄大道。而按照我前文所述的四大法印中所有标准,它们同样是“相对并无常的”。

“佛教最接近永恒的一点即是,我们可以认定这些言论为真,除非有人,哪位科学家或是其他证据可以证伪。一旦有这种状况发生,我们可抛弃这些言论。但过几千年以后,它们还会停留在原地。”

达赖喇嘛

我已将困惑感描述为原初生活体验引发的症状,这些体验已升华为一种形式,我们据此定义自己的身份。正是这种外在形式,这种看似确凿的身份,决定了我们所教所学的内容,以及做这些事情时我们从何而来。为了做出种种伪装来鼓励精神显现,这并非个人智性的目标,而是其基础,我们将不得不做些舍弃,至少要放下我们的某些独立性——即那些一直以来非常个人化的自我,而这也是无常的。

为了生活圆满,
我们不得不处在困惑的边缘。
此处运动不止
每一刻,每一天,
我生活在此动态之中,它扩展我的认知。
如果认知未能扩展,
我早已夭亡。

幸亏有此困惑不安。

迈克·博克斯霍尔

到目前为止这一章节都在讲述困惑感，并且想要表明这并非一件坏事，而是一个入口，通往更博大的感知。我还在无常这一概念上做了暗示，并且延伸至“诞生”的内涵。

在这里，我想逐句照搬一段对话，是最近在意大利授课时，我和别人的交谈，其中将这一主题融入了“现场”讨论会。这些交谈都记录在了三段式课程的第一部分和最后部分的开场环节，每个部分持续五天。其间许多发言触及了相关问题核心，诸如困惑的成因，困惑采取的形式，我们应该怎样应对困惑，以及困惑带来的福祉。

玛丽亚：看起来出生和死亡这两个主题联系非常紧密。我个人在现阶段，围绕出生和死亡产生了许多疑问。

迈克：我对这两者的总体观点是，它们并非相互孤立。出生不代表开始，死亡也并不意味着结束。它们只是某个连续统一体的不同阶段；该统一体不断形成，又回归本原。当然，并不总是情感层面的感受，可以说它是相对的，因人而异。

玛丽亚：也许我该这么问：“如何居于这循环往复之间？”

迈克：我认为，问题的答案必然存在于认知。我所谓的那个“我”，并非一成不变，而是经验不断积累的结果。我所谓的“我”，那个经历所有事的人究竟是谁？也许这样更接近事实的本原，但一定还是相对的？换句话说，我着眼于认知这个词，出生与死亡的认知。如果我能感知到，并且活在当下（这基本上是一回事，因为感知到即是处在当下），那么感知就无所谓生死。生与死都是客观的——而注意到其形式生成过程的感知是主观的。

我想接下来的问题就只有——我们也只剩这么一个问题了——“是什么消亡了，又是什么出生了？”这个问题的难点在于，我们的探讨建立在智力层面。智力就其本身而言只是一种形式，智力的匮乏或其他什么，只要我们能观察得到，所以这就是我们的一种感觉。它是我所说的智性的表现形式,但是正如我所说,它将非智力因素也赋予了智性。某种意义上,所有对话全是还原论;那是我们一直坚持的;保持二元性。

英卡:我现在很难确切地表达出自己的所思所感。我确实有个疑问,但又不知如何表达。自从我们最后一期的讨论逐渐紧张,并且综合了我的困惑感以及怎样应对我的胃疼,就有了这种感觉。

迈克:它告诉你什么道理呢?

英卡:我想过很多。我认为不同事物之间有许多交叠。我现在感觉不错,一切都过去了。我的内心深处依然感到不适,不过我自己感觉非常自在平和。

迈克:那么有没有可能在痛苦存在的同时保持平和?

英卡:我偶尔体验过这种可能,完全地直面痛苦,并感受这种直面痛苦产生的影响,最终证明这非常有用。

迈克:还有什么想补充的吗?(对那些没发过言的人说。)

伊冯娜:在过去的这一年里,我经历了太多的事情,自上次讨论会之后,我开辟出了新的途径。

迈克:是的,我能在你身上看出来。我无法量化,但你看上去确实开辟了不少门路。

伊冯娜:我一直处于浑浑噩噩。我的状态就没好过,尽管以前也不好。现在虽然我的生活仍存在混乱,但我的心境非常宁静从容,这真是太好了。

迈克:我想这很有可能,它反映的正是因斯所说的痛苦。我们无法摆脱混乱状态,宇宙本就处于一片混沌,这是宇宙的一种本性。但我们可以开发出一种正定的状态,正视这种混沌的同时又避免陷入其中。

伊冯娜:我同意。必须任由事态自行发展,而最重要的就是活在当下——并不是说要保护自己不被卷入,而是要相安无事地与之共处。

迈克:确实,也要注意不要过分执着。如果我们极力试图去摆脱这种混乱状态，那么无论何时何地，我们实际所做的一切只是将更多的精力，认知的精力，倾注于这种混乱。

伊冯娜：我也有过一种感知，说出来你们也许会笑话。我7岁时就立志成为一名医生（她确实当了医生），我现在都50岁了。当时总有人想让我觉得自己选错了路，但事到如今我真正明白了，实际上我并没有走错路。我还想补充一点的就是，我很后悔没能早点来这里，我想在冥想的过程中保持清醒，那正是我需要的。

迈克：我认为你的话非常重要。无论你自己选择什么样的道路都可以，比起其他的路，不会有什么优劣之分。关键是认真去做，没有什么人能够告诉你该走怎样的路。“条条道路通罗马”，正如这句充满沙文主义色彩的意大利名言！在精神领域，所有路径最终都指向原因。当医生是不错的谋生手段，同时也可以服务社会。我还有个学员在意大利从事洗衣机维修工作，同样也是不错的谋生手段，因为他很擅长这行当，做得又相当认真，同时也可以服务社会。教颅骶骨疗法也是一门不错的生计。我们没有任何根据说哪一种会更好。然而，起码有一件事可以肯定，不管是谁，从事什么行当，只要是发自内心去做，而不光凭头脑去做，那么就可以说他是具备智慧之人。

斯特拉：我真的不是很想来这儿，但另一方面，我知道来这儿是正确的选择，因为我的事都停了下来。那是一段重要时期。我必须得帮我母亲。她一直以来都做得很好，直到最近，我发现自己对她存有太多的积怨。我觉得自己最近对她的态度都处理得很好，我也能看出自己的怨气了。所以我现在认为来这里是对的，让她单独待几天，这也意味着将我自己从束缚（困扰）中解放出来。

迈克：她知不知道自己患有阿尔茨海默症？

斯特拉：她知道的。

迈克：我提出这点，是因为我妻子的母亲就不知道自己的病症,至少不是完全明白。但我相信,即使人们头脑中没有任何感官思维,仍然存在一定程度的认知。

斯特拉:但我母亲知道这事对我来说很重要,因为那就意味着我无法再继续欺骗自己。看着她,就让我感觉自己并没有那么爱她,这让我伤透了心,因为她可是我的母亲啊。这意味着我不得不到这里来。

迈克:的确如此,我想暂时放下手头的事非常有用。如果我们能停下来,直面所谓永恒的当下,也就是此时此刻。时间只是一种概念化,人为发明出来的东西(这说法名副其实)。它只是个概念。而能做到始终活在当下是一种绝妙的体验。

你的怨气并非你母亲强加于你。我相信不可能有人能给别人带来怨气。这是人类情感的一种宣泄——如同恐惧和快乐,它存在我们所有人身上。没有人能够给予你,因为这并非什么外物;它是人类精神世界的一部分。这很难实现:如果有人给我们机会,检验下自己的怨气并尝试着处理,我们的反应就不会那么激烈了,它也不会那么强有力了——那真可谓一大恩赐。

斯特拉:正如我所说,实际上这期间感觉很棒,我想表示感谢。

迈克:明白了。——我明白你的话。我只是再做些扩展。

斯特拉:我从来没有对她或者我自己发过脾气,但我还是能将她照看得很好。

迈克:我们当中的很多人都是这样,同情他人更甚于同情自己。也许这就是我们接下来要谈的。

弗朗西丝卡:很难说我处于什么境地。曾经有一阵剧烈的情感痛苦期。主要有两件事:一个是在某种程度上,我意识到自己已经找不到对于痛苦的解答。我的意思是,找不到所有之前能想到的方法和习惯。还有一个就是自从某个起点开始,沿着非常微妙的线索,我渐渐迷失,终至无法找回自我,我对此深感恐惧。现在我唯一想说的就是,我正在渐渐迷失自我。

迈克：好的。这当中有件事需要我们考虑，这个渐渐迷失的“自我”究竟是谁？而渐渐迷失的具体又是什么？我也想不出什么高明的解答，但可以提出这些问题研究探讨。

弗朗西丝卡：就是我熟知的那个“自我”——至今为止我自己的行为举止、个性风格、思维方式等等。

迈克：我想到了一个词——“分解”。一种构造的分解，那些构造在任何情况下都不存在固有的实质。

劳拉：此时我处于一种巨大的混沌状态。有太多的事在同一时刻出现。自从上次异常激烈充实的讨论会之后我就出现了这种状态。我正面对至亲的人生老病死的问题，这个问题在我的内心徘徊不去，引发了我对自己生命意义的思考。我经常觉得自己所做的一无是处，因此开始怀疑自己的价值。自从参加了上次的讨论会，我发现自己做起事来更有自信与创造力了。还有一个问题就是，越来越多我自己的事情难以接受。我艰难地完成着日常任务，遇见别人的时候有一种恐惧感，但我又免不了要跟别人打交道。为了适应他人，我的生活安排总是被打乱，这些问题又难以解答：“我是谁？我有哪些目标？我想要通过怎样的途径去实现？”

迈克：我第一时间想到的是，在某种程度上，你说的每一件事都有消极的一面和积极的一面。我想我们应当将重点放在你讲述的积极方面，因为你实际上讲述的是自我感知的增长过程，并由此感知到自身潜能在不断提高。注意到你的适应性，就可以打开一扇门，让自己不至于陷入习惯。我这么说能理解吗？

弗朗西丝卡：能理解。

我想引用刘易斯·卡罗尔(Lewis Carroll)的一段话来结束本节论述：

“你是谁?”毛毛虫问道。

这可不像是鼓励人谈话的开场白，爱丽丝挺不好意思地回答说："我……我不知道，眼下很难说，先生……至少今天早上起床时，我还知道自己是谁的，但自从那时起，我已经变了好几回了。"

"你这话是什么意思？"毛毛虫厉声喝道。

"你自己解释清楚！"

"恐怕我没法解释清楚，先生，"爱丽丝说，"因为我已经不是我自己了，你看。"

"我看不出来。"毛毛虫说。

《爱丽丝漫游仙境》刘易斯·卡罗尔

有时候2月份是段艰难时期；异常艰难。以下是我几年前对于2月份的反思。

我想至少有一些精华值得说说，我们在别处谈过很多关于婴儿和出生的话题，但我们很少谈及死亡，而死亡同样是这个统一体的组成部分。

我并不想回顾过往与现在之间的每一寸光阴，——无论如何，回忆怎么也算不上完美——我只想集中谈谈某些让我记忆犹新的细节。

当我第一次确凿无疑地病倒时，才认识到自己的脆弱，一天早上，我坐在平时工作间的阳台上，不断追溯直至凝视自己的死亡这个终极问题——这并非第一次了，我之前也遇见过这位骑士。

在我眼前，整个池塘洋溢着春天的气息，从古老灰白的开阔地渐渐升上来。这里原先是博克斯格罗夫海德堡人的家园，也是具有特殊科学研究价值的欧洲遗迹。

我坐在那里，脑海中浮现如下诗句：

我尚未下定决心。
岩石，树木，缓缓降下的群山。
山谷中汇聚的泉水，供养着幽深宁静的磨坊。
这样一处所在，或休憩，或安坐，无关紧要。
我思索着它的源头，那灰白的开阔地

这水正是从那奔流至此；
自冰冷的地底涌现，但很快变得温暖；
沐浴在骄阳下，生机勃勃，如同一颗心脏，
驱动着呼吸起伏。

烈火，大地，泉水，都在跃动嬉戏
暂处如此脆弱而无常的状态；
直至催生新的气息，厌倦了这场古老游戏，
从源头产生分离，
太阳将它托起，舒展，风儿将它扛在肩上，
然后再次落入无边大地。
“看哪，那儿有彩虹升起！”

迈克·博克斯霍尔

彩虹映像的背后还有个故事，发生在我参加卡鲁纳学院的颅骶骨疗法培训期间。有一天，我们正在研究早期体验的引导性意象，就在这种情况下孕育而生。

我的记忆，我的“体验”，是处于一个美丽的淡蓝色领域，怀着巨大的幸福感，凝视三道彩虹。这些感触终将被“继续生活”的需要所笼罩，我记得那感觉就好像来自外部的压力，但那第一次非常深刻的映像将那三道彩虹留在了我心中。这就是我最初的记忆。

这样描述似乎恰如其分：当我有了死亡的感知，我最后的印象之一是一道彩虹。

彩虹对于生命和死亡都是如此贴切的形象化比喻。它就在那里，挂在天空中清晰可见，你甚至可以用相机拍下来；然而从另一个层面而言，它纯粹是一道幻影。那里没有任何实体。这就如同思想或感觉；从某个层面理解可以说它是真实的，从另一个层面它又什么都不是。

我们的存在也是如此。我是真实存在的，那么我身处何处？正在提问的那个“我”又在何处？从哲学或理智的角度提出这个问题，还是从虚无主义的角度提出，得出的结论大相径庭。

写下这首诗后，不久我就飞去了佛罗里达，在士麦那海滩，风光秀丽的大西洋艺术中心，教了五天的课。课程进展顺利——于是结束后我又从奥兰多飞到迈阿密国际机场，一直精力充沛地忙碌到最后一天。

接下来的几周内发生了异乎寻常的事，我目睹了这个彩虹般的无形之物，尤其在佛罗里达州，当时我取消了接下来的行程。就在我办理登机手续，将要飞往加拉帕戈斯群岛的时候，我站住了，意识到我不能再这样继续下去，总是期望达到同样的格式。于是我就待在佛罗里达州没走，陪着几个好友，他们正巧坐了三小时的大巴从机场出来，我就这样整个人全身心地放松了一个星期。名副其实地蜕变，就像原子的分裂。带着满身疲惫，但没有特别的恐惧心，我就这样逐步调整恢复。怎么做到的？为什么能做到？我一无所知。其中必定存在某种春风化雨、瞬息万变的重新建构。

色彩如此鲜艳，但真的没有一样是孤立的。我早就明白这个道理，但这次体验值得珍藏心底。也许这一节看起来有点怪异，但我想把它写出来，而这也绝非易事。

9 顺势而为

以我的观点，信念（并非只限于信仰）和热情都被涵盖在这短短的一句话当中："你可顺势而为。"在过去的15—20年中，我已作了大量的分析、验证和整理，来教这句话所包含的真理。

今天，距离萨瑟兰第一次说这句话，约莫有120年过去了，我准备尝试着作些解释，迄今为止，我都去过哪些地方，遇到过哪些人和事。我也打算邀请诸位，通过接下来这几页的课程，体验下其中的酸甜苦辣。

让我们慢慢道来，从头开始说起。我第一次听到这句话的时候，正在卡鲁纳与富兰克林·西尔斯（Franklyn Sills）一同参加颅骶骨疗法的培训。

"你可顺势而为。"我开始暗自思忖，"'势'是指什么？'顺势'又是什么意思？""顺"这个字眼外延很大。这里的"顺"是不是指处理，以某种方式操作，或是针对什么损伤？为什么萨瑟兰选择这样的表达方式？我逐渐认为他一定有独到的见解，明白自己要表达什么，他指的就是"顺应"的字面意思。这意味无论要做的是什么，有其他人或其他事正在做。

我逐渐认为他在谈论一种假设，假设存在一种智性，不从属于任何个体或个人的自我结构，不服从于心智，是绝对可以信赖的智慧。

莎士比亚说过："世事无常，本就如潮流般起伏不定，要是能够趁着高潮一往无前，定可功成名就。"这话即使与事实有所出入，也已十分接近了。言下之意就是，还存在某处"彼岸"。

这里就出现一大矛盾之处。如果存在可以依赖的"彼岸"，那么对我来说在何处呢？我怎样才能知道它在做什么？我怎样才能知道患者身上发生了什么？假使哪个地方出点差错，导致我吃了官司——这个国家这样爱打官司！你就能看到这里在发生什么：那个可怜的、衰老的自我意识已经历了如此艰难的岁月，变得忧心忡忡。我们可以继续前行。“我们必须有所界限，我也不知道自己在做什么。要我如何解释正在做的事？这很不科学，最重要的是，在任何时候，我必须着眼于活在当下，完全地活在当下！”

哦，孩子！现在没人可以信任，即使是我也不可信！

还没那么糟糕。我们现在需要做的就是，看看在当前背景下活在当下意味着什么。

我说活在当下，意思是在精神上保持正定，仅仅正视出现的事，却不以任何方式牵挂于心。对于事情的“含义”不妄下评判。只是看见它在那儿。如果我不将含义牵挂于心，那么出现的现象终会消失，很可能又有另一个取而代之。就这样一个接一个，被接受，又被放下，任其自然，随后不时地会有一段时间，什么也不出现，只留下空无的感知，所有事物的真空，然后又有新事物出现自这真空。

运动产生自静止，没有什么会真的消失离去。万物只处在运动之中。每时每刻，万事万物接踵而至，从来如此，这就是它们此刻的表达。精神由此成形，作为见证者的我们，将始终与此形式共修。

这只是导言，只是序幕；现在让我们将它稍微拆散开，分解为更为宽泛的东西。

万物皆有来时，皆有去时，难道不是吗？有些留得比其余的久些。珠穆朗玛、这个地球、我那演奏重金属摇滚的邻居，这一切的一切，迟早都会离我们而去，这就是所有事物、思想、情感共同的归宿。它们终有了时。我也终将离开人世，虽然还不知道这一天何时到来，也许我已经活得超出了我的大限之时也未可知，但终究还是会撒手离去。这即是最重要的一点：无所谓变为什么形态，因为我们迟早会变为他物，或者他物的部分。当条件允许形成另一种形式，那种形式就会出现。没有开始，没有终了。没有源头，只有启示。

我不禁自嘲起来，居然想要遵循逻辑。那并非我所长。我想，在荣格的模式中我也许属于直觉型，至少那就是我的直觉，但我必须去尝试，否则就无法保持平衡。

我的逻辑就是，我越是客观地看待万事万物，包括我自身，就与那些难以言表、非二重性的、引发自所有客体的主观越是接近。

由此推论，从某种意义上说，如果一切事物，包括我自身，都是无实体，无常的，那么所有伤害、疾病、苦难和折磨也统统如此。如果确实如此，我要用什么工具来达到自在心安？

显然我的心智也是如此，不仅无常，而且还很有限，只能找到问题的部分答案。这是当然的，除非我说自己是无所不知、无所不晓。在此框架内，我能做到最好的就是，将我有限的才智，运用到我有限的评价中去，我称之为诊断，希望能得到有限的回报。

这种想法在我脑中萦绕得愈发长久，终于让我明白，经常客户自己都不能真正知晓问题的原因。多种因素综合而形成了这个问题。

这就是我穷毕生精力从事的事业，不是吗？

我相信大家都有条件来思考一番，我们必须知道问题出在哪里。

我现在又有个稍微不同的观点，并不是很绝对，但我想用它抛砖引玉，也许会有不同的视角可供验证。

实际上，有时如果我们能够稍微换个角度看待事物，一切都会显得尽如人意。

假使我给精神和智性，而不是才智让道，任由它们来完成这些工作，结果将会怎样？将系统的病症恢复到一种更具适应性的状态，不再苦于那些事实上原初的生活体验。依靠智性来完成工作，而不是仅凭我的才智和片面的学识，真是一项智慧超凡的创举。

在我看来，如此将开辟新生的可能，就在现在，在目前的情形下，新生是一种不再为我们的原初体验而变动的形式。它就是我的信念，在某种程度上，也是我的体验，新生并非只与瓜熟蒂落时的事态有关，更多的是与感知相结合，就在此刻，在当下正在发生的感知。正如奥尔德斯·赫胥黎所说："事实上，体验之外无生活。"这句话让我们对生活体验肃然起敬，而不是只敬畏理论或概念。

有一群可爱的人们，在我北卡罗来纳州所教的课程中成长起来。

我们交换了许多问题,并在回答过程中分享了不少心得。这是一次收获颇丰的共修。下文的部分内容引发自我们当中某成员最近的一次提问,我对此问题也作出了解答。

让我们暂时将关注点放在墨西哥湾的漏油灾难,看看由此直接引发了哪些事件。对于成千上万无辜民众来说,这是一次灭顶之灾——简直不敢想象,那些失去一切的人正遭受怎样的痛苦,失去了亲人、家园、财产,更糟糕的是,失去了希望和信念——这是一次全球性的危机。所有人的目光都聚焦在新奥尔良。

但危机同时也是一次转机。我并不是指石油价格,及由此引发的滚雪球效应,我想说的是信任危机,作为万物的自然秩序,我们对其寄予信任的那些东西。对于某些人来说,即使在危急关头,对于正派体面、同情怜悯、邻里和睦这些真理,都会产生信任危机。

此次影响遍及全世界的危机提出了一个问题,当我们陷入窘境时有谁可以依靠。

我认为"911 事件"有所不同:我们树了敌,又认识到必须学会更有效地抵御敌人袭击,我们动员全民团结起来为此努力,无论这是对是错。

现在看来我们已经背叛了自己。那里本没有敌人——虽然我们总能找出一两个——有的只是一幕残败之相,遍布着需要同情的生活方式。

我不想谎称期望如果类似情形发生在其他国家会有什么不同结果。当然不是出自我本人,就像所有欧洲国家一样,我们也只是同一个范式里麻木无情的角色。就在飓风来临前夕,阿拉伯有超过 600 人被践踏致死,其中大部分都是妇女和儿童,由于恐慌,他们急于逃离自己感知到的威胁。如果我是历史学家,这样的例子不胜枚举。

现在我们也遇到了危机,同时也是转机,一个帮助我们作出改变的支点。

这个支点就存在于我们的认知,并不是追究过失,罢免处分之类的认知,而是对自己肩头责任的认知。

纵观历史,人们总是喜欢指责别人,自己转而屈服于原始的冲动,接受对自己或所有物最有利的选择,仿佛其余的世界不属于我,与我无关。

现状陷入了困境。无怪乎我们正在"经历生活中重大调整和剧变"。

作曲家、钢琴家丹尼尔·利维(Daniel Levy)曾经说过:

> 实现一个新的文明世界模式,其步骤与自觉意识的延展是一样的。当自觉意识形成延展,所有的过往都将逐步有节奏地渐渐淡去,变为新整体的组成部分。一旦核心起了变化,我们身上的每一个细胞都会被注入另一种能量。我们的观点呈现出成长的眼光,我们的视野从只见局部,扩展为把握整体现实的认知。

简言之,这就是有些客户的切身体验。有时也是我的体验。正如罗林·贝克尔(Rollin Becker,一位著名的美国整骨疗法专家)所说:"改变已然发生。"

"上帝是个圆,圆心无处不在,周长无所不及。"圣·文德(St Bonaventure)如是说,他是13世纪圣芳济会的主教,同时也是肠道功能紊乱的守护神。无奈芸芸众生没几个能听得懂!

换句话说,"未来佛即是弥勒佛。但弥勒佛并非一个人,而是一种友爱的品质,实际上,也就是开明思想的一个方面"(蒂娜·梅茨格,Deena Metzger)。

这正说明了我们工作的重要之处。并不是说我们能给别人忠告,他们应该怎么做,应该做什么,而是说我们可以提供便利的途径,让人们即刻走近我们自身存在引发的感知,并将其变得更加敏锐。同时我们摒弃了妄自评判。我们通过与对方或多人共同修习来完成此项工作,于平静空灵之境,通过充分倾听他们的经历,帮助他们着眼于当下,即使会伴随着某种性质的痛苦。

只有通过这种认知的增长,才有可能产生源自根本的改变。所有重大变故都会引发困惑焦虑。如果没了困惑,我们会一直安于现状,因循守旧,会在其中感受到一种人为营造的、暂时的安全感,然而可以想见,那是多么地脆弱!因此,困惑正是促使我们作出改变的契机。我们幸亏有困惑。如果我们能够正视苦难,而不要变为苦难本身,不让苦难改变我们的本性,那么苦难终会有所改观。在全神贯注的倾听中蕴藏着疗愈之力。无需刻意做什么。但是想要不带任何主观评判将深重的苦难倾诉也并非易事。我们必须牢记,评判是我们自己主观之物,它会将碗装满,而一旦碗不再是空的,故事就无法被讲述完整。

我们暂且回到责备这个话题,问题不是"我做错了什么",而是此刻出现了什么。此刻对该作为或不作为又感觉如何?是愤怒、恐惧,还是二者兼而有之?这些才是需要放到台面上来分析处理的东西。由此才有可能产生改观。处理好愤怒,处理好恐惧,如果我能处理好,才有可能将愤怒和/或恐惧看做一种人之常情,从此以后我就不必强求非要抵制或摆脱它。

基本上还是出于害怕改变,进而意味着害怕存在,正是这种心理使我们如此病态。

恐惧心是人类体验的一部分。问题在于,当我们努力创造条件,建起重重壁垒,戒备森严地抵御它的侵害之际,正是我们反受制于它之时。

还是让我与恐惧心和平共处吧,如果它确实存在。如此一来我们才能着眼于当下。从当下的形势出发,我们才能作出明智的决策。当下始终处于静止,我们据此观察的诸般世相才是变化无常。我自岿然不动,静观日出日落、云卷云舒。自身游离于变幻之外。在那一刻,我们便成了所有变幻产生的本源。

这便是定境的意义所在。它并非一种惰性状态,它是一种对变幻的感知,而非变幻本身。它引发的是主动性。而追赶变幻的脚步(执着)只能导致被动反应。

我已经试着给出了"定境"的定义,也试着定义了"戒除执念"。这两者的结合即是启示。任何一个愚人,包括我本人,都能给出其定义——针对它的修行就是一场球赛!

尼采曾经说过——他一定也曾论述过因缘结附,或者无所牵绊——"我想要领会更多,去发现事物必然蕴含之美,甚于我想要成为创造事物之美的人。"

几年来我一直在与美国和欧洲的学员分享自己的观察心得。他们也将自己的观察心得拿出来与我分享，大家的观点达成了一致："你可顺势而为。"并非那些机械式，相对肤浅的潮流趋势，那有很多——那只是一种工具、一种媒介——而是其中承载的生活气息与智慧，是精神的时势，其中生活气息是一种初级形态。

我们进一步达成共识，超脱的状态非常难以企及，那个可怜而顽固的自我总是无法限定事情发生。它确实很想拥有发言权！最后还有一项共识就是，当信赖、信任与超脱都已就位，就再也不缺什么了，就能起效！

对我来说，奥妙在于我们的存在状态。达赖喇嘛曾经说过："我认为，作为修习者，我们的首要职责是审视自身。"我非常看重他这个"首要职责"的说法。

我必须要做得更多，不仅限于在照看患者的间隙洗把手、喝杯茶。我需要静默沉思，进入一种相对来说心无挂碍的存在状态。如果我做不到心无挂碍，那么就以单纯的眼光来观察事实，这样能够让我从执着中解脱，以达至此境界：我能够做到仅仅观察自身存在的状态，而不将关注力放在任何扰乱心神，或有可能扰乱心神的事情上。这样的情绪我也积累得太多。"这种不带任何评判的观察即是同情"——卡鲁纳。每当我能够以这种相对来说有条不紊、平和的心态来接近他人的内心，我将乐于接受任何观点。

我对绝对的放空状态不抱期望。我想也许偶尔对类似状态有过一瞥，但经过一系列的修行，我已能达到相对的定境。

如果应对的是未成年人或婴儿的问题，于此状态，也唯有此状态，我能得以接近客户或者其家人。我相信无论谁在场，也无论是否感知得到，我都可以接触到那个层面。

随后我们在这个层面进入共修，无论出现什么情况，完成得怎样，都是这次共修的协作产物。这里没有实施者与被实施者之分，有的只是共修。在结构层面，也许我并不知道发生了什么，也许客户也不知道，这都有些令人恐惧，但这样就很完美——恐惧的是谁？并非我本人，只是我的自我意识而已！

很抱歉这里并没有模棱两可的选择，你必须相信我，放下心来，任其自然，否则就不要做。

我知道已经有些人对此做法感到疲惫不堪，有些人一想到要这么做就会产生抵触情绪。这都没有错。我只是要想尽办法给前者鼓劲。

对我来说这就是精神的层面。这并非什么更高的层面，只是针对某些人更加适宜。

狗依靠鼻子爱着这个世界。
鱼依靠鳃。
蝙蝠依靠潜藏在失明背后的感官。
鹰依靠翱翔。
而人类
依靠我们的精神世界。

《用心看世界》马克·内波(Mark Nepo)

我并未证明什么。我并未看清真相。我只想提供些线索。

马克·内波又一次引用了佛语："自嘲于以为自己的所为能改变世界，同时坚持做下去，如同世界的未来正取决于你的所为。"

我想引用某位先生对颅骶骨疗法所下的定义作为结语："颅骶骨疗法，就其最温和的意义而言，就是由两人或两人以上，为达一种无需病理学的存在状态，而在定境中进行的一场旅程。"(医学学士)

下文的邮件来自瑞士的克莉斯蒂娜，其中深刻地揭示了前文提及的"原初生活体验"这一概念。论述极其精彩，提出一个事实，如果我们足够深入相互关系的核心——有时被称为共修——该领域产生的协同优势就会带来一种"重生"，无需费尽心力，甚至无需刻意。任由工作自行运转。我们要做的只有怀着对启示的敬畏安坐。我对她的来信深表感激。

亲爱的迈克

你让我们就邓克顿工厂进行的活动写点心得——我起码领会到了以下几点。

最后的两节课我感觉相当艰难。我发现自己很难适应

"常规生活",就是那种我必须自己决定什么时候该做什么事的生活,因为我没有工作,也没有充分的经验。我曾经对很多以往的决定有过质疑,总是怀疑自己是否错过了生命中的重要使命,或是误入歧途——所有这些大多是令人不快的想法和质疑。我觉得自己需要充分地"消化"——不仅是几十年来积累的过往体验以及由此演变出的信仰(或者说,正是这些形成了现在的我),还包括在你课上的体验。

就在前几天我才开始意识到,我的体验以及由此引发的信念正有所改变;实际上,这种改变相当难以察觉。

在"早间冥想"和分享我们的合作体验期间,经常提及"原初的生活体验"这一概念,并且将其视为我们在生理上、情感上、心理上或精神上任何不适或不安的根源。但是,我们当中极少有人分享或提及某个具体的原初生活体验,就像经常在心理疗法中的那种做法。然而,那些当时还是原初生活体验的事,似乎开始自行消化了。如果这样用词不太恰当的话,可以说从一个深层次、富于同情心、不带任何评判的角度来与他人相联系。

如果我运用更加生理性的"消化"一词类比:如果我们吃下难以消化的食物,我们的身体会将它存储于脂肪,形成其他不健康的细胞或胃里的肿块,非常缓慢而痛苦地向前蠕动。如果我们喝些有助消化或其他健康的草药茶来补救,胃和肠道功能便会好转,并且开始将不健康的物质清除。如果我们补充一些草药或顺势疗法(不会加重身体其他方面负担的疗法)用以加强,比如说肾脏和肝脏功能,那么身体或许会开始清理那些积存更久的"毒素",使身体素质进一步提高。

这就是我在课程活动中体验到的。在共修中的深度倾听,就如同有益的草药茶或顺势疗法,促使并加强了对身体,灵魂和精神的疗愈,消化那些需要优先疗愈的,然后一步步深入到细胞组织的内部。

最后一句话真的让我沉思良久:"精神的疗愈。"也许我该将精神(spirit)一词的S大写,来指代"普适的精神",因为他并不需要任何疗愈,以便区别于个体的精神,这很可能需要大量的疗愈工作。

当然,我们现在必须遵循几点关于疗愈的思路,因为据我所知,这并非大家现实中的说法,我印象当中更多时候是说成“播撒光明”来表达这个意思,不持妄断,心怀同情地去逐步接受,就会带来疗愈之力,也许不同于传统意义上获得的“健康”,但我们会渐渐明白它是什么。

这种与他人协作的方式也让我联想到小孩子在受伤哭泣时的反应。我们作为父母,如果只是抱起他们,然后肯定地说:“哦,我看到了,你伤得挺严重。”他们会哭得更凶,但通常持续不了多久就好了。(相反,如果有人对受伤的孩子说:“哦,伤得没那么严重,没什么好大惊小怪的。”他们就会眼泪一把、鼻涕一把地哭个好久。)作为一个治疗师,我就像是孩子的父母,如实地陈述并确认所发生的事实情况以及真实的感受,然后让“它”消解于无形。

作为父母,我深爱并包容着我的孩子们,这让我感觉很好。作为一名治疗师,如果我能触及客人的心灵深处,当然也就同时触及了自己的心灵深处,无论它是什么样,包容它,让光明照耀其上。我有过很多次这样的体验,在给客人提供治疗的同时我自己也在接受治疗。

> 有物混成,先天地生。寂兮寥兮,独立而不改,周行而不殆,可以为天地母。吾不知其名,字之曰道,强为之名曰大。大曰逝,逝曰远,远曰反。故道大,天大,地大,人亦大。域中有四大,而人居其一焉。人法地,地法天,天法道,道法自然。——(语出老子《道德经》第二十五章)

(这段话引自道家学说,但与圣奥古斯汀(St Augustine)的信条殊途同归,说的都是在神出现之前,就有了某些存在——那就是无形。)

这是所有范式共通的概念:佛教、基督教、犹太教、哲学、心理学,以及颅骶骨疗法,实际上只是不同的范式。他们都并非本源。只有变为深层次的体验时,其中的某种范式才成其本源。在此期间,我们谈论的都是关于这种体验的理论,模式、思想、观点、梦想、希望和祈祷。这种状态颇具教条主义色彩,而我不喜欢照搬教条,所以我会根据很多人的意见作些补充修改,我尊重他们的判断。

接下来的教条(同样也经过了修改)就是,最深的层次是无形的,并不受制于才智,它就跟思想与情感一样,其形成从来不顾及身体本身的状况。我们可以称这些层面为“精神”，它由普适精神转变而形成各不相同，无限多样的形式。我也经常将它称为“智性”，要注意将此“智性”区别于个人的“心智”，心智只是智性的产物之一。

我们不能混淆“精神”和“灵魂”这两个概念，我将“精神”看做一种绝对的存在，无论它已被表达过，还是即将来临，而我将“灵魂”看做一种个人化的存在，是无限之精神的另一产物。

去触及智性，去成为智性的化身，哪怕只是一瞬，即是要去触及那些引发事物形成的本源，从而导致重生，就在当下，在此刻回归那种形式，其中不再带有困惑的生活体验的积累，也就是上文所指的那些。

总的说来，医学可以说是线性的，更加符合牛顿的学说：所有发生的事情，都有一个确定的起因，也必然会产生一个确定的影响（卡普拉）。也就是说，整个世界就像个发条装置，齿轮不可避免地遵循着因果定律。

在过去的将近30年时间，西方世界发生了革命性的变化，承认了自然界是一种无穷无尽的非线性结构（斯图尔特）。这意味着什么呢？根据我的理解，这意味着我们不能仅用自己的智力来解释因果序列，来诊断，或预测，或补救，如果我们想要达到那种更高层次的存在，不同于那种遵循微观事物，即相对简单事物定律的层次。这相应地又意味着，人类的结构，形式也许都要服从线性的解读，但从“无穷”方面理解却并非如此。

蚂蚁和蜜蜂都拥有各自的智慧，尽管不算非常强大，但同类生物都会形成强大的群体智慧，让它们能够完成许多非凡之功。

有些定律掌管着微观事物，还有些定律掌管更宏观的事物。当我们完成了对微观事物的解剖，直至不可再分、空无一物的境地，我们就达到了万物最宏观的状态，即“智性”，即“无穷”。

我刚刚写下一篇短文，希望你们能够喜欢。我认为充分说明了我们在谈论的主题。

土豆

春天来了，相信我，不管以什么方式，它终将来临，我期待着，我的菜园迎来无限的生机。

按照传统，早一批土豆应该在复活节的星期一开始发芽。这是当然，只要不是遇上雨雪天气，或者土壤过硬、过软，或者，说真的，如果我没有染上什么流感而卧病在床！

这似乎是一次良好的契机，让我们思考下“习惯”这个问题，并回想下我们的生活在多大程度上受制于它。

大体而言，土豆自己知道何时生长，如何生长。土豆自有土豆的智慧。我们需要做的只是为它们提供生长所需的必要空间与条件。我们知道的不是如何种植土豆，我们知道的只是如何提供便利条件，让它生长为土豆。

我不知道，我们的工作中有多少困难，是源自我们想要全知全能？

有多少治愈，一种平衡存在的状态，需要我有足够的学识才能实现？难道只有我无所不知，这些才能成真，才有可能？

也许还有另一种方法，那就是依靠土豆的智慧。它自会知道！

我认为我们有时候太过拘泥于方法，以至对与本质联系在一起的存在造成损害，那并非什么方法，甚至算不上时势，但是其中承载的智慧，就像一座神殿供奉着英灵。时势并非它本身，本质才是。

仅靠放弃个体来放弃知情的安全感会有多可怕，只有知情，我们才能达到超然的境界，这才是本质。

如果有谁想要这种不安全感，我会很高兴与他相处。我有许多问题可供探讨！而与此同时我的土豆在黑暗中摸索，开始了第一次发芽。

（迈克·博克斯霍尔）

当人类那微不足道的才智苦苦钻研宏观事物的内涵时，就会出现一种境界，试图从无穷的智慧中脱离出来。这是不可能办到的。

一旦心智与智性本体相分离，它就走到了尽头。甚至可以说，它必须放弃它的分离性，顺其自然，将其变为自身的本源。而“无穷”无法再向外推衍。

已经有人警告过我，关于心智与智性分离，延续笛卡儿式的区分很危险，而我已经反复多次作过类似声明，我要表达的是，我并非意指此二者是两种不同的东西，而是说它们处在智慧的两个维度，两个层面上。——一个是关乎我的，个人的，自我的，另一个是无穷的，无限的，所有生命所共通的。

我即时势

亚当和夏娃的故事就是讲述这样的过程，获取个体性，而失去与无穷相融的统一性。

我们当中应该有人有这样体验，如果我们能够接受最终会不幸失去个人自我意识，那么它就有可能变为精神、智性，或时势本身。可怕之处在于，根据其定义我们不可能得知。唯有空性，空无一物，也就是无形无质的体验，直到我们回到相对的认知中来。当然，空性之中不存恐惧心——有的只是任其自然、自生自灭。也没有痛苦、欢乐，或病痛；没有造成这些现象的任何生活体验。

有的是无边的——震撼与惊骇！它们还未形成。只有空性。

如果我们忘记这段旅程是线性的，而把它当做一次真正深入自我内心的旅程，那么就能发现，无论来自过往或通往未来，出现相关事物的可能性，包含着我们在线性预测中未曾有过的反常的可能性。

我不相信奇迹。我相信的是——创伤，无论何种性质创伤，都是过去或未来事件的积累。在每一次反常情况下，每一次导致反常的事件都构成了现在的健康。

让我们与健康融洽相处，这才是问题的核心，而反常只不过是一种无足轻重的感觉。

10 形式和虚空

我从密勒日巴(Milarepa)(他曾是个藏族的不良青年,后来成为了11世纪的圣人)身上学到的就是,每当遇到不喜欢的事发生,我并不会试图去摆脱,而是通过“闲谈”更加深入地去了解它,如果以英国人的做派,还得沏壶茶,配上切好的黄瓜三明治,但光是“闲谈”就足够有效了。

我的教学范围并不包括制造产品。我的大量工作都是高度主观性的。几乎不可能有“就这样如此这般”的方法来走进精神的领域。另一方面,在“现实世界”里,如今有太多物件进入了我们的生活,它们都附带有操作指南,教我们如何组装。遗憾的是,很多操作指南所用的语言显然不需要任何指南帮助就能学会,尽管如此,仍然存在如下推论:如果不按照此指示去做,该物件就无法成为所需的形态。这种情况似乎非常适用于客观物件。

一旦我们领会了这些指导原则并成功构建起范例,我们就有十足把握确保,只要遵循此指导原则,该过程对每个人都有效。

我认为这并不适用于精神活动,因为每个人所走的路,是经由不同的生活经验协调而成。不可能有什么绝对适用的具体经验,无论你采用什么方式来走别人的路。

为此我对基督教和佛教提出的一些教条式的方法感到不快。“据说……”然后跟上一大段冗长的谈话,证明种种记忆的壮举,却不带任何具体时间、地点或空间可供参考。一方面,这不能算是具体的经验,而只是一个概念,另一方面,它将遵循此道的第一人最初的经验具体化了,又将它所获得的感受,一种充满神秘感的体验,变为了常用品或教条。

寺院就像是空心漂流物的收集站。在我看来,祭司的生活如此虚伪空泛。这样的监狱非我所需。

密勒日巴

在我看来,耶稣和佛陀都提出了例证,要如此生活:将有关他人生活记忆的壮举具体化而不是概念化。我认为他们都没有过多地借鉴他人的生活。光是当下的生活他们还忙不过来呢。

有一点很重要,我们不能将灵性视为某个物件,一件某种程度上“在那里”的客观事物。我将灵性视为一种存在,更确切地说,一种生命真谛的体验。

以下杰克・肯菲尔德关于这个主题的论述深得我心:

大多数真理的结局

有一天,佛教的无知与邪恶之神玛拉和随从一同穿过一个印度的村庄。他看到有个人正在做苦行禅,被神奇的光照得容光焕发。这男子刚刚在面前地上发现了一样东西。玛拉的侍从便问那是什么,玛拉答道:“那是一条真理。”他的随从又问他:“有人发现一条真理,不会对你构成威胁吗? 邪恶之神。”“不会的,”玛拉答道,“按照惯例,他们不久便会从中总结出一套宗教来。”

这段出自克里斯蒂娜・费尔德曼和杰克・肯菲尔德的“精神故事和心灵故事”,摘自琼・史密斯主编的《日常心理》,三部。

我想进一步说明,无论人们能够实现怎样的状态,都是已经准备好的、当下固有的、自然的状态。因此,要进行的工作便是将感知扩展为具体的感知。离开具体化,我们始终只有概念。

我们一起来读这些文字,并不是为了学习怎样去做。我们并不是在开发什么更加神奇的治疗技术。我们是在进行一次寻觅之旅,去发掘谁在做这些工作,什么使我们与万物的本源相分离。这首先是一次通达健康的旅程,而健康就在我们所有人的内心。以健康为出发点,才能谈到美,才能走近他人的内心,这些人我们称之为客户、朋友、家人,甚至是敌人。如此一来,他们才能将健康带进自己的认知,而健康正存在于他们心中，你也可称之为中心、核心，或别的称谓。

所以那是我们的旅程——可以说本质上这是一场无尽的旅程。为什么是一场无尽的旅程？因为这场旅程将实现无限的可能。

托马斯·默顿（Thomas Merton），在《有罪旁观者假想》（*Conjectures of a Guilty Bystander*）中，这样写道：

> 我们真正需要的东西，只会作为礼物来到我们身边，为了能够接纳它们，我们必须足够开放。为了变得开放，我们必须舍弃部分自我，在一定程度上，我们不得不将自己的形象，我们的自主性，以及我们一意孤行坚守的东西埋葬。我们必须放松心理和精神上的束缚，这些将我们牢牢捆绑于那个痛苦、脆弱、无助的"我"，我们已知的那个自己。

最近，在一次课上，我和一些技术高超的治疗师们协作，有一位说他的确观察到了直接传达（他意思是指，他感知到产生了一种非语言层面的交流，或者说直接由意识到意识，我更喜欢表述为，心与心的交流）。他的原话是："你正在作直接传达，对吧？"

我的第一反应是对于这种说法坚决否认，并与我认定的任何可能性或类似倾向性保持距离。太夸张！太可怕了！

将关于自我的那些闲言碎语抛开之后，因为我们一直就在谈论此话题，我就能够看到稍有不同的景象。

自从那次以后，我又与几个团队合作过，那种想法潜移默化间植入到我脑海深处，我逐渐认识到，当两个或两个以上的人在共修中合作，就更深层面而言，的确存在某种传达——但并非由自我传达至另一个自我，而是经过第三方存在，是由这个层面的关系造就的，再传达至所有的其他各方。这里存在着一种带有荣格式"化学"结合的共鸣，以及"永恒之子"的诞生。这里没有行为，只有存在之间的交换。据我观察，作为一个概念，对过程的认知或许已被医师掌握，或者被医师和患者共同掌握，或者他们都未能掌握。工作是由被创造出的"作品"完成的，而并非由参与者的人格本身完成。我还观察到，如果工作仅仅停留在"发生"的层面，并且系统内部保持平衡，那么它就绝对安全。

有些事情发生之后，对于此事的身体体验怎样被医师和患者翻译成语言，这将取决于这两个个体的各项因素，包括文化、年龄、性别、健康状况等等。

这个层面的工作才是真正的瞬息万变，并且是某个智慧与另一个智慧相交融的结果，从而引发了第三个更高的智慧，其操作的精密远非智力所能及。我看不到明显的行为，有的只是最初环境和机遇的记忆，放弃这记忆附带的生活体验——原初生活体验——的积累。有必要反复强调，其主体并非医师，而是那个第三方。我将这个第三方称为“精神”。此精神并不是自我的产物。

这种动态的过程在两人以上的团组中相对更有力些，只要有关各方摒弃行为的意图，只留倾听或遵从的意图。或许这么说更合适：“只有当呈现的意图还保留着的时候。”

> “我思，故我在。”这是勒内·笛卡儿提出的著名言论。这已经成为了现代理性思维的座右铭。笛卡儿倡导心物分离。自此以后，西方的科学、哲学和教育都基于这种主客体割裂以及人与自然的割裂。我们的社会政治范式有很多都源于这种二元论。
>
> 个人主义、产业主义、人文主义、资本主义和利己主义都源自这种二元论。二元论还催生了碎片化、分离化、异质化和孤立化。
>
> 《苏醒》，萨蒂什·库马尔(Satish Kumar)著，199 年出版

我并不自诩为先知，但看起来 20 世纪末，21 世纪初或许可称为后笛卡儿时代，后笛卡儿哲学时代，只要你不反对，也是智慧重生的开始。这或许是知识的时代，而不同于信息的时代。我们的世界已被信息填满，但信息始终是“关于”某物的，并且意味着从客观事物中分离。这种分离导致异质化、评判，以及为了某事或有时为了某物做出某种行为，而这些都完全基于不完整的信息。由于信息的不完整性，它不免流于谬误。

可以肯定的是，要终结才智引以为傲的优越性绝不可能兵不血刃。自我不会轻易认可相互之间的依赖。矛盾的是我们又不可能摆脱它。

谁应该作为主体,谁又应该作为客体呢?我们所能做的只有对它作出启发引导。了解它并与它共处。如此我们才能变得完整而真实。

我所想的是,当然我也希望,我们正在为彼此,为这个地球,以及其中的万物实现相互依赖而努力。生活可以变为一种共修,在其中我认识到"我在因我们同在"(一个来自南非的观点)。这大概就是"深生态学"(译者注:当代西方环境主义思潮中最具革命性和挑战性的生态哲学。相对于浅生态学以人类为中心,只关心人类的利益;深生态学是非人类中心主义和整体主义的,关心的是整个自然界的福祉。)所提供的讯息,以我之见,这是一门最新、最综合全面的科学。似乎这门科学才是真正在探索一种天人合一的修行,而不仅仅是研究理论。

我们已在别处探讨过,"少为即是多"。我们也曾更进一步讲述过,无为,只存在,只存倾听、接受、容纳、认可和确信的意向就足够了。这些价值观的集合,我笼统称之为"信任"。在接受自我的过程中,我们记住了"我们注定成为什么样的人",以及重生为那个意图的可能性。触及这种普适的智慧,也许意味着陷入智力之下的感知。

我经常听说,我们"需要"的不只是进入感知的定境。我对那些需要不做评判。但经我观察,那些并非必要,而仅仅是一种需要!然后如同所有其他智力表征一样,这种需要能够被接纳。定境并不是在逃避什么,而是一种动态的过程,使得整体得以揭示。把握并涉及当下的修行,而不牵扯过去和未来,这并非易事。

相信时势,或者无论你怎么称谓的那种能量。它会将你带到彼岸。唯一的条件只是你的信赖!

如果你非得弄清楚怎么回事,那么机会就更加渺茫了。

以下是一些笔记,逐字摘录于最近在意大利加尔达湖畔开办的一次课程。该处地址曾是佛教中心,也许这些摘录足以通过"实际"体验来阐明上文略述的那些概念。

> 克劳迪娅:我有一种解脱感,感觉好像有什么东西从我身上释放出来,使我不再是那个我自己。那就像是一种类似于灵魂出窍的感觉。还伴随着其他一些现象,但这感觉是本环节最重要的一个方面。

英卡：克劳蒂娅分享的体验，我之前不太愿意分享，但现在我改变了主意。在某个时刻，我真实地理解了爱的意义。

迈克：为什么你之前不愿分享？

英卡：我知道这很重要，但我想自己留在心里。

迈克：我想也许是这么回事。重要的是，如果我们试图抓住什么，同时也就失去了它们。我们迟早会失去。相反，如果我们放任它们归于自由，不管多少次它们定会自己回到我们手中。正如基督教所说的："将你的面包丢入水中。"

英卡：确实如此，但我现在很难用语言表述出来。

迈克：这确实很难，但对于我们所有人来说，这个团组的目的就在于将我们自己拿出来分享，并不仅限于我们好的一面，令人愉快的一面。还要分享我们的难题与博爱。这也是我们能够给予彼此的馈赠。我们总是倾向于，确保赠予他人之物一定要经过精美的包装和细致的消毒。而真正的馈赠应该是将我们自己原封不动地呈献。

英卡：我们还是来谈谈语言表述上的困难。我告诉过克劳蒂娅，没必要去了解这些。我们一致认为，语言文字会改变事物，它们经常无法表现出事物的本来面目。就此事而言，我并不想为自己辩护，我认为自己可能会用文字毁了那些体验。（我们都知道这个道理，不是吗？）

迈克：是的，有可能发生这种情况——我想斗胆更进一步来谈谈。这种情形也经常发生在我身上，如果我试图描述某件事，我知道这并非我的体验，它将成为一次经验的描述，而并非真实的事件。然而，它也许会在其他人那里获得共鸣，不一定是相同的事件，而是存在他们身上的相似的敏感性。这样一来，也许我已经给了别人什么——就是一份馈赠——也许它与我的体验不是完全相同。也许无论他们接受了什么，对他们来说都是重要的经验。唯一有可能造成损失的风险就是，自我意识想要牢牢抓住那个感觉。这就是为什么我说值得尝试，因为你的意图是要送给全世界一份礼物，唯一有可能损失的就是那个人为的条件，就是那个我们所谓的“我”。印加，这样说能明白吗？

英卡：是的。非常清楚。

迈克：现在这片土地也属大乘佛教的范围，在大乘佛教中，他们有一个关于菩萨的传统。菩萨都是受点化的存在，然后又选择保持做回人形，这样他或她就可以帮助世人寻得悟境，直至所有人都达到开悟。实际上，立誓成为菩萨，就相当于立下了永久的誓言。为了服务他人，一而再，再而三地重生；意味着不停地给予，再给予。只有一样是你必须给予的，也是你真正拥有的，那就是你自己的悟性，甚至连这个你也必须舍弃。如此一来，你应该明白我想告诉你的道理了。如果你执着于自己的悟性，你就无可挽回地受其牵绊。将它赠予你的朋友们吧。这样它也许自己会再回来。好的，谢谢你。

在另一天当中：

迈克：还有一项非常重要的教义，是这么说的。我们要想得到自己真正所需，不可等待他人的施予。我们必须自己去探索，去追求，去争取。这一点我表述得够清楚吗？当我们谈到解放，或者无论你给它怎样的称谓，如果我们的自由是别人施予的，那就根本谈不上是自由。我们所有得到的只不过是一种债务，对施予我们自由的人所欠的债。

问：你能再复述一遍，或者换一种说法吗？

迈克：我想就这个继续探讨，因为这点非常重要。如果有人替我们除去了枷锁，我们不会由此获得自由，因为我们会永远欠他的。我这么说大家能明白我的意思吗？因为这部分确实挺难懂。比如，你看见雏鸟坐在窝里嗷嗷待哺，母鸟飞过来喂它们吃些虫子。对于婴儿和儿童来说，这种场面司空见惯。但这仅限于谈论身体成长的领域——你可以说这是非常机械化的活动，只关乎身体的滋养，与精神的滋养毫无关联。如果我们不想被教条化的说教所束缚，自由就需要以某种方式去自己争取……

翻译：抱歉打断一下，是什么需要自己争取？我没听明白。

迈克：是精神的成长。否则的话，我们又将戴上另一个债务的枷锁。这就是为什么我会提出："什么才是真正有用的？或者说你真正需要的是什么？"那就是你怎样触及自己已扩展的感知；关于缺乏什么，需要什么的感知，而不是等待导师将自己体会到的心得，再转化为长篇大论传授给你，这些原本是在用另一个人身上的体验，而他与你所处的时代、环境与文化背景迥然不同。

另一方面，如果我们一味地遵从重复灌输的教义，我们只会获得导师想要传授我们的东西。这是双方之间的共修。这就是为什么我要在每节课的开头反复强调："你需要的是什么？""什么才是对你有用的？"

真理只有一个，而这世上有千千万万的普罗大众。最近我也没统计过，每次在我统计的同时，又会有更多的人出生。所以，真理只有一个，而这世上有多少个不同的人，领悟真理的方式也就多么千差万别。这就是为什么我总是问："你想到什么问题？"

你们可以看到，我现在所做的就是引导每个人思考（笑），然而在我开始之前，所有人都进展得相当不错，觉得没有什么会打扰到自己；我期待的是，能有五天的休止，没有电脑、电话、烹饪、购物，或开车，也不需要顾及他人。

玛丽亚：看起来出生和死亡这两个主题联系非常紧密。我个人在现阶段，围绕出生和死亡产生了许多疑问。

迈克：我对这两者的总体观点是，它们并非彼此孤立。出生不代表开始，死亡也不意味着结束。它们单纯只是同一个连续统一体的不同阶段；该统一体不断形成，又回归本质。当然，并不总是情感层面的感受。

玛丽亚：也许我应该这么问："如何解释这循环往复之中

的奥妙?”

迈克:我认为,问题的答案必然存在于认知。我所谓的那个“我”,并非一成不变,它是一连串关系与体验的集合。那个体验者是谁?换句话说,我着眼于“认知”这个词;有关出生与死亡的认知。如果我能认识到,并且活在当下(这几乎是一回事,因为感知到即是活在当下),那么感知就无所谓生死。生与死都是客观的——而形式形成和失去的感知是主观的。我想接下来的问题就只有——我们也只剩这么一个问题了——“是什么消亡了,又是什么出生了?”

这个问题的难点在于,我们的探讨建立在智力层面。智力就其本身而言只是一种形式,智力的匮乏或其他什么,只要我们能观察得到,所以这就是我们的一种感觉。智力是我所说的智性的表现形式,但是正如我所说,它将非智力因素也赋予了智性。某种意义上,所有对话全是还原论;那是我们一直坚持的;保持二元性。

11　改变

改变这个主题对于我们的思考是如此重要。也许这是宇宙中唯一的永恒,矛盾的是,这也是我们存在的根基。在这里,无生亦无死;无来亦无往,无所思,亦无所感,无任何感觉或直觉;无任何性质的关系,也无变化。

今天的我,不再是昨天的我。我越勤勉地修行活在当下,这种感觉就越发明显。直到某个时刻,我清楚地知道自己是谁。我的工作,我的家庭,我的银行余额(或透支额),我的俱乐部,我的团队,我的衣服,我的学校,我的言论,我的政见,我的神经官能症,所有一切的一切,都在为证实这种存在而服务。可以说,并不总是那么轻松,但是能够清楚地证实。

之后会有某个时刻,伴随着一个相当痛苦的意识转变过程,存在这样一个我,与其他的存在、地方、环境及境况相关联。一种更富合作性的存在,承担着引领潮流的责任,同时又是潮流的牺牲品。

又会有另一个时刻,超越所有的理解,就我而言,我不知道这个存在是谁,不管怎样都在不断延展。有的时候,我可以肯定这是由我自己操控的,但还有很多时候,我只能凭借语言和想象倾听所说的是什么,或者所想象的是什么。只有当理性的分析沉淀下来,被一种超脱的心态取而代之,这种混乱状态才能得以平息。

当我在团组中教具体化这一课题时,超脱的心态居于极致。该活动极为深入,因为它已变为整个团组的协同优势。其次因为心存信任,我可以放手不管。放手不管的是那些孤立、个人、抽象的东西——工作自行运转,没有其他的行为人。不存在行为人!不存在我。只有一种强烈的感受,教义才是瓦解的领域中唯一的清醒,完全不能确定是否会发生重组。有时,这是一个艰难而勉强的过程,身体是唯一可利用的资源。必须依靠身体,因为需要利用其才智和记忆,或许还有意志力。

其他人承认状态的变化,有时维持时间很短,有时却是永久性的。其他人也会感知到,此时此地发生的微妙变化,但随后经常会出现证据,表明有一扇门已被打开。有许多扇门,也许多到数不清,而是否从中走过,还是将其关闭,取决于我们自己的选择;虽然对少数人来说,选择范围很小,仅限于职业而已。

大多数的变化一点也不显眼。很多时候看上去都是恒定不变的。昨天,芭芭拉和我探讨过,我们现在的住所有多大可能性会是我们同住的最后一幢房屋。并不是说我们不去旅行,而是说这是我和她过去22年来一同居住的家园。以后等我不在了,她很可能还会继续在此住下去。房子属于她们家,或许租出去也大可放心。

复活节到了,围绕这个节日有些家庭习俗,比如打彩蛋,上面涂满了某个人的肖像或是漫画,藏在花园里的树丛或灌木丛中,被发现了就煮了当做一家人的早餐。孩子们、下一代以及下下代的孩子们,在每一年中,数量和年龄当然会各不相同,但是这个习俗看起来一直不变。到现在已经四代了,看上去很不错,但这个时间刻度相对于地球历的时间而言太过渺小,相对于宇宙历的时间就更不用说了。

我们三个人住在同一屋檐下:芭芭拉、她的儿子朱利安(我的继子),还有我本人。现在我们每个人身上都发生了很多根本性变化,特别是围绕着健康和职业方面——显然,两者都是为了达到更好的目标——这样很不错。在这些领域本没有什么稳定可言,但我们似乎都对这些事以及对彼此持积极的观点。

当然,我们都会试图阻止变化的发生;对它充满抗拒。这是一种对痛苦的抵触。我们一天天老去,我们的朋友搬走了,飞蛾吃掉了羊绒,牛奶泼得到处都是。我们的头发渐渐稀疏(早在几年前就开始掉头发了),我们的肚子也变得塌瘪。我们无法阻止变化。

或许这种想法有些怪异,但这真的没什么大不了的。黑夜变为白昼,春天如此美妙,而我在花大半个清晨的时间,给人们描绘未来。这里发生的就是这些!

未来,正是我曾经所说,现在所写的。过去,现在和未来——就在此处。

这里有一段言论颇具禅意,等同于说,世界随着时间变化……“生命是一次旅程,并非只是一个终点,唯一的现实就是此时此地。现在这一刻,不再因为这种现实稍纵即逝,所以说,时间只是一种幻觉,本不存在!”

我想说的是,如果我们注意观察天体的运转,一方面,我们可以看到其中宇宙万物的膨胀与收缩,另一方面,我们也可以认清想要抗拒变化将会如何徒劳无功。

我们不应该那么做。也许还有什么是我们应该做的?要我说还是有的。那就是培养一种时刻的新鲜感,并感知它与前一刻的差别。这是一场持续不断的认知扩展,没有限定的尽头。在这个模式中,出生和死亡不再是绝对的事件,而是意识这个连续统一体中的路标与印记。

荣格说过:“我们无法改变任何事情,除非我们接受它。谴责并不能带来自由,只会导致压迫。”这当中蕴含一层深意,那就是在永恒的幻想和评判之间存在一种关系。如果我认为改变是一件坏事,所有的事物都应该保持原样,或者如某些人的观点,永远停留在美好的旧时代,那么我就是在给成长、给我自己制造痛苦。

潮起潮落,世间一成不变的唯有改变。
潮水渐涨渐深。
我亲眼目睹。
我留不住,它已远去。
我亲眼目睹。
这里有痛苦。我无法治愈。
我亲眼目睹。
痛苦愈演愈烈,现在又在何处?
我亲眼目睹。
一切都已完成,谁能掌控?
谁又会被掌控?

感知。
即是空无。
海洋深处的静谧，
即是尚未成形的激流。
黑暗与光明碰撞，就化做人形。
你和我，组成了我们。一如既往。
现在又有什么损失？

迈克·博克斯霍尔

12 智性与心智

什么也不做，只是安静地坐着，仅仅依靠智慧本身来恢复心理平衡的影响，这绝非易事。会注意到各种各样的事，曾经受过的各种伤痛会闯进感知。面对着我们（最近）所处的文化背景，安坐，深入定境，不为感知到的过程所动，这种状态很难维持。然而，我相信这正是我们必须做的，为了与精神共处，清理下思路，最初的因果关系导致了什么。

盯紧我们所感受到的，持续关注它，最终它将会还原，将被注意力激活，成为我们想要解脱的东西。

我尝试着这么做，并且也获得了不同程度的成功，那就是安静地坐着，恭迎另一个故事在无尽虚无的空间自行上演。对于尚未建立起固定人生观的婴儿和儿童，这类做法特别有效，但并不仅限于他们。

如果我们将因果关系看成一套家谱的树状图，经过几代人以后，整个画面规模将会变得非常庞大。如果我们注意到这个家族某个分支的属性，它将引领我们一直追溯至最初的家长或族长，但同时我们也错过了在这条线上出现，然后一直发展至今的所有同胞及旁系。所以，观察曾经受过的伤，如果我们专注于某个症状，而它本就是错误的，我们还试图追溯其原因，那么我们就不可避免会落下一大堆或大或小的其他旁枝，它们都是从同一条线延伸而来。这是身体的一种惯例，在其本能地寻求自我平衡的过程中，如果第一组症状未得到妥善处理，就会产生下一组。

安坐于定境之中，我能正视很多不同的现象正在发生。诚然，我不可能注意到所有的现象，而只有那些吸引我注意力的现象。我只能注意到这些，继续安坐，通过冥想逐渐深入定境。

我的任务并非应对症状,无论是什么样的症状,而是帮助患者接触到自己的内心,这个层面潜藏在所有症状、痛苦,还有别的什么之下,从这一层面,他能够找到一条新的路径,重新回到表面上来,不再牵挂过往那些令人费解的困惑,而那些直到如今还被视为当下的现状。

我相信,这是我切身体验,与正处于深度冥想的其他人进行身体接触,就能在同样的深层次触及那个人,无论是否进入直接意识。

这种接触如羽毛般轻盈,并未深入。我并未过分强求,所以患者也没有抵抗,只有很深层次的讯息流动,据我所知,就如同亚原子一般细微。这些讯息被挑拣出来,记录于它们自己的层面,当然,并不在我的智力层面,然后回传给发送方,也就是那个传达者。如此一来,患者得以认识到自己究竟是谁,或者,至少在那笼罩的层层生活体验之前,他注定应该是谁。有可能伴随着感知产生真正的根本性变化。这一变化将关乎存在的本质。由此会产生行为的变化——它将不再是同一回事。首先出现感知。离开了那个前提无异于对着一片黑暗盲目开枪。这是我将发生的事理智化最佳的做法,但我能举出无数的事例来支持罗林·贝克尔的观点,做那些"已发生之事"。我只是觉得,比起他当时的选择,我正努力做到更多,现在也是许多医师的体验。

在写本书不久前,我遇到过一位新患者,他是位银行家,终日忙忙碌碌的,事业有成,但无疑压力非常巨大。他的背部和颈部有复发性的急性病,早在三年前,经过多达六项的一系列推拿措施,曾经成功治愈过。他经常陷入剧痛,而且忍受着脖子和整个后背上半部行动不便。对于背部的急性病我处理得不太多,大部分情况下,都是类似抑郁症这样的慢性疾病容易吸引我的注意。

他预定时的情况是这样的,他正好在那,因为有人取消了,他就填补了空缺。我一开始就提醒他,我的工作是作为一个观察者,类似于看守着油漆变干,而他似乎也接受了这样的现实,我不会对他进行任何推拿措施。尽管我已极力向他推荐还是去做推拿比较好。

我先全面了解了一下他的历史情况,不仅包括他的医疗背景,还有他所处的家庭和社会环境。这是我的惯例,因为也许会在治疗过程中出现些什么状况,如果有一个框架可供参考患者的过去,将会很有帮助,即便我们要处理的是对当下的影响。

然后,我就坐在他脑袋边上,请他将精神集中在身体出现的任何感觉上,不管是不是跟他的问题有明显关联。

在开头的几分钟内,我是这么想的:“这是个组织严密的头骨,其中没多大问题。”然后我就对自己说,不可执着于这个想法,要更专注于冥想。渐渐地,他究竟有哪些问题,我怎样不会或不能胜任这项任务,诸如此类的种种想法,统统被我抛诸脑后了。我注意到开始产生一些波动。大约10分钟后,他开口说话。我不得不问他说了什么,因为我已经处于深度的冥想状态。他说疼痛已经蔓延到了另一边。我想我问过他保持这种状态是否可行,因为至少引起了转移。他非常放松,并说在这种状态下感觉很好。又过了大概15分钟,他带着有些惊讶的语气说:“好像疼痛开始减轻了。”我明白这个时候坚决不能让这种想法牵绊,必须进一步加深冥想。大概又过了20分钟,他非常平静地说:“已经不疼了。”

我总结出的经验就是,我只是处于冥想的感知,不带任何目的性,也就是说,不为他的问题或我自身的问题所牵绊,只是作为他的智慧与我自身智慧之间的一个支点,我不可能从理智的角度来描述相关层面。

我希望他能摆脱痛苦,所以我认为发生的事情就是,他已经发自内心地放下了某种负面情感模式,一系列的生活体验,三年前的那一次,是由非常娴熟的推拿措施将疼痛剔除,不过那次是从外部消除。我看见的这次却有所不同,这次是使患者认识到,病痛的缓解来自于他自身的重新调节,而并非来自于外界的指导。智力虽然同样如此宝贵,但相对于智慧而言,还只是件效用有限的工具。

达到完全的定境可以让客人的核心存在自我表达。区别于长篇大论的“这就是我的原初生活体验”,我们有可能像这样表达:“在我表述为条件作用(译者注:心理学中指某一对象逐步将渴望的行为和先前无关的刺激因素联系起来的行为改变过程)的那个核心中,这个才是真正的我。”

以下是一封有关定境的回复,出自一位亲爱的朋友,西班牙的同事——卡米·蕾娜利亚斯。

感谢来信。我从来没有太多要说,因为一旦有想法闯进我的脑海,然后不断膨胀,就找不出恰当的语言来表达了。我知道的只是,我一连几个小时都在开会,而每次会议都像是发生了小小的奇迹。智性在其中显现!

有时候我会感到有点遗憾,我总是不敢超脱自我,但体验还是有的,正是这种体验不断为我指引道路,通往超脱的道路。自从有了定境,我对生活深感叹服,我的心潮澎湃,眼中也似乎泛起泪花,没有掺杂别的情感,好像只是对爱/生活/定境融为一体的表达。然后更多的感触是超脱,不沉溺于此,仅仅是对它直视。

13 颅骶骨疗法与冥想

我想要说明一件事：我对于一种特殊类型的精神疗法，也就是佛教，特别有感情。“佛”这个词来自梵文，源于 budh 这个词。意思是“清醒”。一旦你醒悟，你即是佛，难道不是吗？佛并非一种陌生的、不同的生命形式，并非要你经过 4000—5000 年，甚至修炼万世才能达到——你现在即是佛，只要你醒悟过来，认识到这一点。仅此而已。它并非要你去到什么别的地方。也没有别处可去，就在这里！你即是佛，你即是圆满。请你更加警醒一点——仅此而已。

我对颅骶骨疗法也很有感情，我对颅骶骨疗法所持观点与我对冥想的理解很难分离开来。这种想法源自一名学员。

> 提问：我做治疗师的时候，我没做什么就经常有人问我，什么是颅骶骨疗法？我不得不承认我也不是很明白，而这样对客人来说太过生硬了。
>
> 迈克：是的。我同意你的看法，有很多治疗师发现，要说“我不知道”难以启齿。这非常困难，因为心智不喜欢这样。自我意识也不喜欢。于是，我想在这次谈话中引入这一理念，那就是，所有的认知都是有限的。而无知有无限可能。
>
> 你可以看出，我花了很长时间才得出了这个结论。但我真的认为，大部分治疗的构成往往也是有限的。这也就是为什么我之前用“教条”这个词。我的意思是，教条即是一种局限。并不是这个模式起的效果，而是客户与治疗师之间的互动关系，或者我也可将其称为协同，一种共修，在做这项工作。
>
> 提问：我正在修习冥想。是不是所有的冥想都有效，还是

只限于某些特定的冥想?

迈克:不,并没有什么特别的冥想。我从来不做引导性冥想,我在做冥想的同时不说话,也不播放音乐。当你静坐处于冥想状态中,不管脑海中浮现出什么,都是你的冥想。如果出现你喜欢的事物,让你心如止水,那是你的冥想。如果满是动荡不安,有如风暴一般,也是你的冥想。如果什么也没出现,还是你的冥想。

提问:所以说就是自由式的冥想了?

迈克:当然了,冥想要任其自由。冥想的根本目的,是借此机会回归到当下,而不是要去到某个别处。这是一次关于感知的修行,随后我们才能逐步消除我们的妄断。实际上这相当深奥;要消除妄断异常艰难,因为一旦你消除了妄断,你就停止了对情绪的供养,而正是这些情绪借助注意力来扰乱你的心神。每当你想要战胜自己的情绪,试图将它摆脱,它就如3岁小孩一般,就是要得到它想要的东西,那就是你的注意力。心灵的本质在于思考,所以对待心灵请不要过于专横——那是它的本性。不要强求老想战胜它,随它去思考,然后循序渐进地……(笑)。

14 本质与年龄

有一种永恒的智慧，贯穿于所有的文化。它一次又一次，根据时间、地点和空间的变换表现为不同的形式，可以是舞蹈、演说、绘画、诗词、电影、雕塑、歌曲——无论哪种形式都因地制宜，其中不存在优劣之分，它只是真理的形式。

当真理降临，教义自会点化世人，而不消导师来传授。他只是教化的媒介而已，并非教化本身。

有一种智慧，善于放下，不执着于心，亦不追求永恒：放下专横的那个被称为"我"的适应性；过去和未来不萦于怀（执着于当下很难，因为它总是不固定的）；对所有的客观不追求永恒（它们归根到底只是造化的产物，而自我只是其中的一部分）。

我们自己的表现形式即是身体。我试图让身体鼓起勇气，自笛卡儿的放逐、恢复至排他的耻辱。绝妙非凡的是，我们的两位最伟大导师——耶稣和佛陀，都是具体化的。佛陀说，觉悟即在吾身，耶稣也将其证实。虽然我并不传授信仰，我对所有的教条深恶痛绝，而教条已变得依附于宗教信仰。

痛苦源于无知；解决的方法在于感知的延展。我要提醒大家的是，这里所说的感知并非信息方面的感知，尽管在一定程度上信息必不可少，而是指对于真正自我的感知，它潜藏在原初生活体验之下，我们可以认出它来。这需要积淀、合并，再放下。

对于存在之真理的探索，从来没有什么新意。古往今来，它是所有英雄行人生之旅的精神支柱。虽然呈现为表象，但这终究是一次心灵之旅。实际上，不需要去什么别的地方，只有一种被称为警醒的状态。

它是感官方面的，正如我在开头列举的种种学科。

我想就年龄问题作一些澄清。我认为，有些人颇具人生阅历，并且积累了一些经验可供分享，当一小群这样的人聚到一起来，沟通交流，分享彼此心得，有可能会出现一种感官上的魔力，会有一种巨大的能量释放出来。有时候，年轻人要想跟上勇士的步伐颇为不易：年轻人总是戒备重重，就如同满身穿着盔甲将自己拖累。而真的勇士很可能弃下盔甲，轻装前行。我正在筹备组织一个（松散型的）老年协会，不时地进行聚会，做些冥想并分享体验。

我还记得我遇到的第一位精神导师，名叫伊琳娜·特威迪（Irina Tweedie）。她是伊斯兰苏非派信徒，出生于俄罗斯，她开设印度教的讲座，主要受众是英国人。听过她的谈话之后，我冒昧地给她写了封信，因为我知道她说的正是我的情况。原来她还有个很小的团组，就在伦敦一处破旧街区的小屋里。我每周去她那两次进行静坐，每次两小时，持续了两年。那个团组后来发展壮大了，到她去世的时候，已经有 1500 名学员在她那里定期修习静坐。导师不同学员交谈，教学自行起效。学员们确实依靠自给自足获得了帮助，也许是依靠我提过的方法（也就是说，聚在一起），力所能及为他人创造适当的环境。

我的观点以及工作模式与此类似。

我们总是因为执着于对自我的认知而自寻烦恼，其实那并非真正的自我，只不过是与我们一路同行的一系列生活体验，以及我们对此作出的反应。我们不能完全地活在当下，我们的一切言行，甚至是所思所想，全都来源于我们原初的（所以也未能放下）生活体验。

有人曾跟我说——我感觉他言下之意就是——我还不够好。这已经像习惯一样根深蒂固了，所以我从来不觉得自己够好。它并非真实存在，它只是个习惯！

如果我们完全地活在当下，也就没有什么习惯可言。有的只是眼前这个时刻。当下是什么？它在哪里，我们又该怎样寻得？我们的身体即存于当下，它始终存于当下。可以肯定，只要我们活着，它就会一直伴我们同行。我不想抛弃智力，这是件极好的工具，辩证地说，它一直处在持续发展之中。尽管它只是一件工具，而并非我们本人。我们需要在身体的知觉和感受方面有所恢复，以便更加充实地去生活，更加充分地去爱，去成为更完满的人。我们并不是只拥有智力的电脑。

最后，大脑是智力的中心；而心才是智慧的中心。事实证明，早在胚胎状态下，心脏就凌驾于大脑之上，开始了生命的搏动，然后身体发育出层层组织来保护心脏。我喜欢这个意象。

让我们触及本质。

我们正将身份之镜移开

那是阿佛洛狄忒（希腊神话中爱与美之神）的玩物；一个矛盾的综合体

十指紧扣，手臂相连，如同金色的脐带缠绕进我心灵的殿堂

你在我战栗的脊骨奏响陌生的音符，就如同心爱的钢琴遗失许久又复寻得；在万籁俱寂中奏响辉煌的乐章

儿时的活力在心中激荡，唤醒早已忘却的居室，和回忆里神秘的走廊

捧在你圣杯一般的手中，

面对这红色的海洋，我心潮澎湃，它在我脚下涌动，将我淹没

海水浸染着热泪，自沸腾的火山熔岩汩汩流出

欣赏的馨香带来宁静与质朴

我投身这恩赐之海

超越所有的潮涨潮落

沐浴在沉思的神秘之光下

沐浴在海水那不可思议的光彩中

沐浴在当下这门炼金术的疗愈之中

乔·菲特

最后，在所有教师面前，奏起轻快的音符，节奏缓急有致，这唱词应当配以吉尔伯特或者苏利文的旋律：

当大师不再专注于冥想
而是每周诵读他的诗词，
他的能力幼稚地膨胀
足以将他的信徒们害惨。
他会将女生带到一旁修炼密宗瑜伽(译者注：这里指利用性能量引出生命能量的修炼法)
而禁欲被安排进皮套；
如果他开始表现得像个愤怒的怪物
他会说那只是要瓦解你的傲慢
哦，所有瑜伽修炼都需做完，
信徒依然郁郁寡欢。

约翰・雷恩・刘易斯(John Wren Lewis)

(从其财产中获得许可)

15　交谈

道即是空——永远用之不竭。它是万物无尽的源头。它将刀锋变钝，将绳结解开，将炫目的光芒变得柔和，将尘垢洗净。它隐匿不出，但总是存在。我不知道它从何而来。它比神明更久远（如果真的有神明存在的话）。

> 你无需离开房间。
> 且安坐在桌旁倾听。
> 你甚至无需倾听，只需等待，
> 只要学会安闲、正定、独处。
> 世界自会慷慨地将真实面目展现在你面前。
> 它别无选择，只能拜倒在你脚下。
>
> 弗朗兹·卡夫卡（Franz Kafka）

亚利桑那州的吉尔来信：

> 自从上次课程后，我到现在还有不同的感受在体内奔涌。最明显也是最重要的一点就是，当我与人合作时，就会想要用“共修”这个术语。这似乎会引至那种空的境界，我在与别人还有您一起相处时曾经体会过。
>
> 您在冥想时是否利用到呼吸？呼吸似乎有助于我集中精神，还会给身体鼓劲。偶尔，呼吸就像是进入了细胞组织，为每个细胞充电激活。
>
> 我对此很感兴趣，很想听听冥想状态对您的身体有什么效果。

亲爱的吉尔，

我很高兴听你能这么说，在与他人合作时总会想到共修。据我理解，产生这样的意图，如此不同于“我能为你/对你做什么”的想法，其本身就将我们置于创伤以下的层面，而处于创伤的层面，通常会受困于个体、私人、自我，或智力——随便你怎么称呼，处在这样的局限之中。这一切究竟有没有意义？于是乎，工作就自行运转起来，因为主体与客体的区分已不复存在。

如果是这些导致了空的境界，我的经验也是如此，那么我们也就不再需要冥想了，因为冥想的目的就在于回归（我喜欢这个词）于空，而诸般世相皆产生自空。

我在冥想时会利用到呼吸，经常会，我陷入漫无边际的思绪，更确切地说，我开始追逐它们，而并不仅限于旁观它们来来往往。以呼吸来关照就像一条回到焦点的路径，我从中重新获得充分的正定，思绪停止运转，但知觉、存在感和注意力依然保留，但已不关注于任何对象，甚至是呼吸。

我不想把它说得好像对我来说挺容易的。不是的，这很难做到。我对这些有了更深的理解，那就是失败时我无需忧心忡忡，只需放松看淡，尊重正在发生的事，那只是一种感知，然后再回头修正；就当它没什么大不了的，它确实也没什么大不了的。

如果我能做到这一点，那我就可以不断增强作为人类的感知——而并非不断地作出评判，就好像我置身事外。也许这就叫做对当下的描述？

处在我们的文化氛围下，尤其对我们这一代人来说，要放下我所谓的“新教”的道德规范非常困难，它具有很强的惩罚或批判意味。

我热爱教学工作，因为只有这个才能使我的修行得以有条不紊地进行。并不是说要像我的日常生活一般有条不紊。我有部分意志想要皈依佛门，但那不是我最终选择的道路，而我会尽我最大的努力将所有目标合并。我有一点自知之明，对于独自修行我不是非常自律。我自己明白，别人也能看得出来，我的修行不仅仅是冥想状态，因为我并不将它们当做独立的事物看待，修行已经从根本上改变了我对自身罪与罚的见解。

在我看来，笛卡儿的自我分裂观点急需诊治，但科学和教育，在很大程度上，还有大部分精神之路都困顿于此。我也不得不从同样的困顿之处，抱着谨小慎微的态度，来回复愤世嫉俗，以及厌弃我言论的那些人。

亲爱的迈克，

我同意你的说法，当我们在共修和空境状态用到意向性，就要更加深入自我或个人的内心。我发现在与客户探讨治疗方案时确实如此。随着空间的静谧，以及房间内部显而易见的能量场变化，我们都进入了一种更深的层次。一旦进入那个空间，言辞会从他们口中自然流露出来，似乎对于如何应对手头的问题都会有新颖的见识。我们通常的做法是侵入思想，由治疗师来作出分析，而这种方法与其公然对立。去年我才得以接触到这个。在课堂上看到你和别人达到这个境界是如此美妙。这是纯粹的空境，当灵魂正在种种思绪与恐惧的穷追猛打中苦苦挣扎，这是多么地温暖人心。

是的，当我进入那个神圣的空间，所感受到的正是“回归空无”的境界。就好像在体验安放在个人/自我结构之下的一道灵光。这就是我从你身上，以及与我们共处的那群可爱的人们身上获得的体会。

我也曾因为期望而倍感焦灼，特别是当它融入了恐惧心，每当我想到有关金钱，以及自己是否受人欢迎这类问题，恐惧心就会闯进自发的思维之中。有一种根本性的恐惧驱使着它，事到如今我还未感受到那个究竟是什么。在团组活动中，有些时刻这种危机感会有所减退，但它确实在我孩子般的内心深处涌现,我觉得人们不会同意我的言论。正如你在来信中意味深长的说法,我们必须超越那些愤世嫉俗者对我们工作的评价。

我非常感谢你的话和一些想法。它们恰好反映出我自己的观点。

照顾好自己,迈克。你的存在与自我驱动不足,振奋着我的灵魂和精神。

爱你的

吉尔

亲爱的吉尔,

在你 24 日的邮件中出现了这封特别的通信,对此我还有些想法要与你分享,是这样的:

自我是存在的,就我的情况而言,无论怎样,经常是痛苦的。它始终存在,除非有人进行足够深度的共修,这来自于某种尚未成型的层面。这就是真实的存在。

我提倡这样的模式,我们不要设法摆脱那个自我。这样只会进一步闭锁于笛卡儿的自我分裂,以及将个人智力作为劳动的工具。

在这些条件下显现的启示来自于未知。对于任何治疗师或导师这都是一个非常难以把握的境地。无论如何,正如你所说的,这是一个神圣的境界/地方,因为它无始无终,这正是其神圣之处。

我想请你尝试一下:我们能不能做到,比你所说的"一旦进入那个空间,言辞会从他们口中自然流露出来,似乎对于如何应对手头的问题都会有新颖的见识",能否在此基础上更进一步?我认为,也许我们能做到,并且那些新颖的见识,无论属于医师还是客户,正是对症的解药。关键在他们自身,正是这样!这将大有助益。大家都无需"做"什么,只需"直面"启示,或者说"存在"于新状态的感知。如此一来这个问题就可以被视为并非固有的实质，只是我们临时识别出来的某种知觉、思想或情感。

不必进一步深入自我，而是要变为自我的主体而非客体。领先于神话中描绘的创造，在伊甸园中分离的启示。

当然这相当庞大，面对如许之多的教条式说教，包括大部分心理学模型，以及所有“教条式”的宗教信仰，尽管不包括神秘主义的传统。教条式的宗教总是流连于绝对化，但随后又“将绝对化加以限定”，做成好像原本就存在的东西。而大多数神秘主义的传统，看不清游离于外与包含于内的区别，不是清醒的认识。

有些传统鼓励我们去同幻境、空想以及自我做斗争，试着打垮它们。我想说的是，我个人十分推崇密勒日巴（西藏的一位伟大的瑜伽师，他受到西藏所有佛教学派的尊崇），根据他提出的范式，我们需知之弥深，待之如友，视之如滋养，直至它成为忠实的信徒，这时我们可以说，它实现了延展。如此一来，我们才得以延展，从而充分实现我们完全的认同。相反斗争是一种递减的过程。我们去斗争，不仅是排除那些异己，也是同认知相对抗。实在遗憾！它缘起于评判，而非认知的扩展。

我发现无法一次性将长文讲述详尽，因我会受到干扰，从而忽视整体结构，所以就此搁笔。

爱你的，迈克

16 谁在起效?

在前面几个章节,我们已经探讨过相关主题,诸如“任由工作或协同优势自行产生作用”,同时建议,我们越是不妨碍它,越是将碗放空,重生就越发深刻,其形式也就越发适宜,越发不受拘束。

其含义就在于,个体或受限的自我越是将自己所掌握的放开,他就越有可能触及一个更加真实、无拘无束的自己。所有人类组成的集体生发而来的功效会异常强大,甚至改变人生,很多人都这么说过。

我们会在这一点上遇到些麻烦。我们已经放下了所有的牵挂,好让工作自行产生作用,现在我们又重新陷入牵挂中来,想要分析哪些工作已经完成,我们下次该怎么做。超脱和信任绝非易事。正如它所揭示的,每种处境的独特性都是一套易于接受的理论,但其维护和修行的状况又是怎样?它们必须持续不断地工作,否则我们在个人智力上将会迅速回归原点。

我很清楚自己是多么容易想到,要靠些变化和改进来获得好评。其中的悖论就是,假如我承担起责任,它根本不会发生!

我想着重强调,我们越是为它让道,结果可能越令人满意,但那正是因为我们为它让道,并且我们还未找到某种神秘力量或灵丹妙药来拯救人类。

任何还算成功的医治者,不管其资质如何,总会投射出某种属性和能量。重要的是认识到,这种投射来自于患者的需要,而非事实的陈述。以我之见,采用任何其他观点,最终都会不免导致追名逐利,从而陷入无止境的欲望。

我曾经说过,任何人都能做我这工作,我也希望更多的人能鼓起勇气，投身这项事业。我们唯一共同的局限性在于缺乏放弃的能力，正是这一点令我们与本源相分离——也就是我们早已坚决认同的个人生活体验。

不管是大理石、铜、石头、木头，还是别的材料制成的雕像，都不是佛。雕像不是佛，一如自由女神像并不是自由。它只是自由的象征。

你即是佛。也许这种认知有些模糊不清，但隐藏在层层虚妄之下的，是那个真实的你自己。

万世皆有时势
我处时势中
我即时势。

每隔一段时间，媒体就会围绕上帝是否存在展开辩论。杰出人物在其特定的领域为正方或反方说话。辩论总是能闪现出智慧的火花，并且只要这种智慧维持下去，不管是哪一方都会从他们激烈的争论中，在智力的层面产生些许满足感来。

也许科学家们不适合去设想"绝对"这个概念，就如同想象布莱克的先祖留着飘逸的长须，拿着圆规。我不知道有多少人能够接受这种天真的形象。

然而，如果有人相信世上本没有什么神秘可言，人类的智力迟早会不遗余力给予万事万物合理的解释，那么肯定已经发生了这两件事：人类的智力已宣称成为了生物进化史上的绝对巅峰，而上帝也已被那些否定他的人创造出来了。

根据我有限而片面的观察，麻烦之处在于人类的心智并非总是充满智慧！

我想引入爱因斯坦的一段话，作为卓越的科学家（当然，虽然后世不免有一些知识分子极力贬低他的成就，以便能后来者居上），他是这么说的：

人类是整体系统的一部分，我们将该系统称为宇宙……我们体验自我，体验自己的思想和情感，就好像这些是彼此分离的。是一种类似意识上的视错觉。这种视错觉对我们而言是一种枷锁，将我们局限在个人欲望以及与少数至亲的情感之中。我们的任务必须是通过扩大我们爱的范畴，拥抱所有的生命和大自然美的整体，将我们自己从该枷锁中解放出来。一个人真正的价值，正是由此决定，在从自身获得解放的过程中衡量和感知。如果想要人性继续存于这世间，我们就需要转变为一种全新的思维方式。

艾伯特·爱因斯坦于1954年

你知道吗，我真的怀疑是智性而不是心智助我们幸存于世。

有些人，他们的工作与冥想或者说精神修炼没什么区别，或者与这两者密不可分，他们常常会问这是为什么，如果这种工作方式能产生效果，他们为什么不在课堂上教。答案很简单：这些没法在课堂上教。灵性并非客观实体。课堂教学经常会被问及所教的是什么课题。他们教的当然不是课题，教的是某样客观实体，这完全理所应当。我们去学校，是为了获取信息和知识结构，为构建“受教育程度”的高楼大厦添砖加瓦。这幢大厦对于我们作为一个称之为“我”的独立实体，维持生活和发展事业至关重要。

这个“我”能够胜任各种领域艰巨而日益复杂化的工作，因为这一代人的知识储备和理性思维，是在上一代人知识储备和理性思维基础上累积起来的。

我建议，应该保留一些自我创造的作品，脱离于理性的监管之外——那些能够使我们保持敬畏的作品，其本身就有智慧在运作，蕴含着一种无穷的潜力，而智力只是其中一种微不足道而离散无序的表现形式而已。

这是神秘主义者的观点，与李察德·道金斯的观点有所不同，他认为不需要上帝，或者某个崇高造物主的智慧。然而，我们都不用担心，因为存在和理解的层次毫不相干。

在佛学观点中，学问被视为悟性的一种障碍，就如同冰块阻碍了水的流动。据说，如果我们将某物视做真理，并执着于此，即使真理亲自降临，敲响我们的大门，我们也不会开门迎接。想要事物对我们显现它的真谛，我们必须甘愿抛弃自己对它的所有见解。

一行禅师

这正是我现在所希望的！

17 清静无为

似乎我们可以沿着这个主题继续展开。

我们的文化及所受的教养使我们难以相信诸如无为这样的事会对身心有所助益。这样的观念已经根深蒂固,我们必须时刻不停地有所为,更重要的是,要清楚自己所为何事。

我不止一次在课堂上邀请治疗师还有其他人,在一无所知的前提下合作。课堂指导包括以下几点:

1. 信息交流,如果你愿意,先将事件的历史搁置,倾听客户陈述的问题。

2. 确保客户所坐的沙发感觉舒适,至少是生理上的舒适。

3. 无论你用什么道具,沙发也好,或者垫子还是椅子也好,自己坐在一旁。

4. 集中自己的精神。感受与天地灵气相通。自我检验是否确知自己的存在。我是否能触及我的椅子、我的手脚,还有我的思维?

5. 然后,也只有这个时候才能进行轻柔的身体接触,无论什么方式,只要你感觉舒适。如果你不想进行身体接触,那么通过意会进行类似能量场的接触也同样是一种接触。

6. 接下来,什么也不要做!只管接受所有呈现给你的东西,无论内心或语言上都不置可否。不要对它做任何评判或分析,也不要试图探求其含义;只管接受便是。

7. 形态、思想、模式,各种概念,都会一一浮现在脑海中。如果你拘泥于此,你就会停滞不前,一直待在原地了——在那个层面也许非常有用。

8. 然而，如果你只是停留在一种完全开放的质询中，其他的形态就会浮现出来，越积越多，直至你达到一种互相依存的层面，在其中需要申明的都已申明。根据我的经验，双方都会有一种安定、平和、被认可的感觉，故事已被讲述，也已经被倾听。在倾诉和倾听之间，神奇的疗愈已经起效，至少对当天来说任务已经完成。

我想事实已经很清楚了，这项工作不一定需要治疗的背景。如果你能满足以上各项条件，你也能从事这项工作。与精神相处并不用受制于任何智力方面的能力，而只需一种对待它完全开明、任其自然的心态。最后这一条有点困难，那就是任其自然。

现在让我在这项工作中引入些不和谐的声音：对于无为这个事实的评论。有人会说，这绝不可能！我们的存在就在于有所为。然而，也许我们能做的是，让这种协同优势去完成工作，我们只需旁观，不主动参与发生的情况，只关注其启示。

我们课堂上的习惯是，在进行"身体接触"环节后，各小组重新集合，围坐一起，分别从"医者"和"患者"的角度讨论下各自的体验。不可否认，这些关系当中很显然有一定的人为因素，因为无论扮演哪种角色，双方都在同一时间，与对方进行着共同并彼此对等的修行。

正如他们的描述，这方面的体验有时在双方身上明显相似。有时却显得完全不同。我觉得这没什么不好理解，即使对于同一件事，不同的人总是会有不同的体验，这仅仅是因为他们是不同的人，有着不同的感官机制和人生经历，由此对事物产生不同的评判。如果有哪个小组对这样一件事，用同样的措辞来记录，我估计自己倒是会满怀疑虑了，怀疑这是某种群体性的狂热所致。

经过这个分享过程，我们大家都渐渐看清了所有体验的相对性，也就是说，一方面，相对于时间、地点、空间以及相关人，另一方面，最深刻，最能提升生命品质的经验来源于此，与谁对谁做过什么关系甚小，与两人或更多人之间的共修关系甚大。我说两人或更多人，是因为在这种情况下，在同一个房间还有其他几对共修者接触到同一个能量场。毫无疑问将放大其动态效应。

有时候，会听到这样的话：

M：我感觉就像他赠予我一份礼物。其中有个环节，我一坐下来，就感觉自己应该就此放松；自从我来这里还是第一次有这种感觉。时间静止了下来，如同药碗（这里指佛音碗，我用来标记一段时间的流逝）一般，但同时对着定境发出了另一个不同的音调。无比美妙的是，定境所到各处，我的注意力随之被吸引至各处，在这个层面他有自己的系统范式。这是第一次有这种水晶般空明的感知，范式空无一物，只有乔恩还戴着的那个不知名的形式。

就这样不停地展开。它变为可能浮现在我脑海中的每一个范式，每一个想法。在这个房间里发生的一切只是定境戴的另一个面具。没有什么需要做的，但可以享受这趟旅程。当它真的开始膨胀，我手捧着他的骨盆，忽然之间我发现，我的双手再也感觉不到重量。我心想："哦，我的天哪，乔恩变得这么轻了！"我将他盯得更紧，那整个骨盆区域就好像一朵美丽的莲花，每一片花瓣就是那些体验；都是那些生活范式的一种，但它们都是同样的定境。

我想我的视线转移到了你的（他转身看着刚才和他交谈的那人）头或肩膀上。我记不清了。还是一样：只需直视这种美妙而流动的动中之静，并穿行其间，直视这些范式，再一次感受它的逐渐膨胀。我不得不将视线转移至自身，因为我感觉自己只是靠这熊熊火焰温暖自己的双手。火就在那儿；你心中之火，星辰之火，大地母亲（地球）的中心之火。这很好。

J：这次会谈层次丰富。我像M一样感知到了，能感受到这些范式，能感受到存于我体内的体验。"哦，那是我弄断骨头的时候。哦，那是我这儿受伤的时候。"所有范式来源的画面不断在我脑海里浮现。微妙之处浮现出来，往日旧梦浮现出来，仿佛在一幢大屋里不住地徘徊，将房间一个接一个打开门，往里窥探。我熟悉这间屋子的每一个房间，可我之前从没看出它们都是同一幢大屋里的房间。于是，就像M将它们感知为花瓣——我将这朵莲花看成是一幢大屋。在这次定境中，我超越了这种创伤或痛苦，这种范式或反应；这边已承载不下，那边也是一样。它就是大屋的另一面或另一个部分。我要说的就这么多。

这份经验交流摘自部分报告，该报告关于两位修行者的合作，其中M是客户，J是治疗师。他们都是男性，有丰富的从业经验。

以下是我的一次公开课之后收到的一些反馈记录，在课上，我和其中一人，也就是客户，坐在桌边，其余一群人（大概有22个），大部分是颅骨疗法的治疗师，在房间里或坐或躺，唯一的目的是感受出现的任何动态。他们并不关注是否有什么会发生在柱基上、桌面上、躺椅上，或是你喜欢的任何称谓。这是一次更大范围共修的示范。我有时会谈到"让工作自行运转"。我想说的是，只有修行者充分让出空间，自己不去"有所为"，这种效果才能得以实现，"工作自行运转"的动态才会变得明显。以下是从"听众"那儿得到的一些反馈。

N：我感觉到了不断的变化，就如同某些时刻能够无时不在。我感觉就像是自己被真实地具象化了，能感觉到自己的呼吸，这种感受在周身弥漫。我还能看见大脑在寻求欢愉，所以它经常会在某个体验中停止运转，或追寻着什么，然后我会将它放下，重新回归到当下。于是大脑会去找寻另一条途径，我就开始犯困，打起了瞌睡。我需要调整自己的身体，重新回到当下的状态来。它就这样不住地在各个层面穿梭往返。

X：这跟我的感觉非常相像，我也能听见自己的注意力转移到了鸟鸣声，以及从马路那边传来的噪音上，然后我只是顺其自然，内心就渐渐平静下来。之后又会有新的事物吸引我，我就会想："哦，原来我这么容易分心。"于是我再一次放下这念头顺其自然，只管让心境沉淀下来。有人在跳舞。我只想保持温文尔雅，不为之所动，"哎呀，我这是在做什么？！"

迈克：这是一种更为温和的处理方式。

对当下的注解：这里存在许多误解，当下不仅仅是关于感知到专注于目标，同样也涉及感知到已经准备关注而未被关注的事物。如果我们能牢记这点,也许就不会过分苛求,因自己不够完美而自责了。

Y:我感到一丝空虚。在某个时刻,我感觉自己已经感知到了内心的另一面,我还感觉到轻微的振荡,就像是发动机在空转。我记得我有点害怕发动机,但我不怕这个,因此这就有点耐人寻味了。我放弃了这种想法,然后只想躺下来,但是我心想:“哦,我不该躺下。”但无论如何,我还是躺下了。

迈克对A说:你能说点什么吗?

A:我从该项工作中获得一种非常生理性的感觉。我开始转动自己的脖子,能感觉到我总有什么心事。我抬起头时,就看见它正处在你手放的位置(在“客户”身上)。自始至终,我最重要一点感受就是,我骨盆上这种深深下陷的感觉。

迈克:谢谢。

Z:我的体验截然不同。当我接触到地面,就感觉自己投入了大地母亲的怀抱,受其滋养,然后生根发芽。我的感觉就像是我这棵嫩芽破土而出,尽情舒展,种子掉落到地上,我就心想:“我是这种子吗?只管乘势而为,不用考虑太多!”我感觉这种子绽开,外壳或外皮脱落下来,像个碗的形状(见上文关于佛音碗的注解)。我感觉自己的头脑和心连为一体,而这种子好像就在这两者之间迸裂开来。还有很多感悟,但这是真正深刻的体验。

迈克:多么生动有趣的画面。谢谢。

迈克对“客户”说:你的情况怎样,C?因为我们之前还没合作过,我很好奇你是否触及到了什么?

C:我主要是看,类似于X,我也注意到这需要照看。当我闭上双眼,心态感受到些许平静。就在它发生时,我居然发现自己的脖子在以不同方式转动。然后我就达到了真正的定境,并感受到了自己的内心,就在那时我听见你的椅子移动。我看了看,你正移向中心区。我深吸一口气,回过神来,我开始听见鸟儿的歌声,感觉好像迷失在某处,昏昏欲睡,然后回过神来,重新存在当下。一直就这样进进出出于此境界。

迈克：那么在那境界确实有什么因你而存在吗？

C：是的，确实有。

X：你课程刚开始的时候，我就感觉到，一看到桌子架起来活动开始，身体上就会产生相应的反应。我猜想原因在于我一整天做的事太多了，我的身体说："好了，我们都到了，可以开始工作了。"这真是个有趣的感觉。事物都分为很多层次，我已经应接不暇了，所以我目睹着所有这些思绪飘落，心想"这样很好"，然后就像其他人所说的那样，在这静谧之中沉淀下来。思绪会浮现上来，也会沉没下去。几乎就在你走过来，移动位置的同一时间，我能感觉到共鸣。即使在结束时感觉也非常明显；就是这样上涨，回落。对我而言，这只是对那些当前无条件反应的感知。

迈克：好的。你的疲劳感怎么样了？（她之前是否说起过？）

X：哦，疲劳感很明显，有些事情我需要放下或者能够放下。如你所说，努力工作已经成为一种生活模式。周围有一种必须努力工作的氛围，我还在学着将它放下——它是如此根深蒂固。

迈克：伙计们，你们呢？

J：我昨晚做了个可怕的梦，害我一夜都没睡好。我只是感觉到它，一上午都试图守住它。活动开始时，我闭上双眼躺在桌上，就体会到这种非常温柔的感觉流淌在我胸中，萦绕在心间。它是如此温柔，我甚至感觉自己必须将手放在心上来守护它。当我真的这么做了，就感觉自己的心果然得到了扩展，于是我明白过来，之前是恐惧收缩了这片区域。现在它得以扩展，我就感觉好多了。

迈克：还有人要发言吗？

Y：不光在今天早上冥想时，还有在刚刚我也意识到了，在我参加过的进行相关活动的团组中，这是规模最大的男女混合团组。我从如此众多的人数和活力中，产生一种非常美妙的能量感。

迈克：也许这就相当于发动机空转！（笑）

Y：我觉得很有意思。我试图任其自然，而不是参与启动中的发动机整体，然后想："哦，那是辆快车！"我不必赶快行动，我也不必对它做些什么。

迈克：我们不必强求或期待什么特殊、非凡的事情发生。这或许有助于我们触及那个存在。大部分时候我们都不知道那儿有什么。G.，你不想说点什么吗？

G：我们的联系是如此深刻，以至于模糊了界限，这种无边界性扩展了所有的出路，所以我与万物之间也就没有了边界。最明显的例子就是清晨鸽子的吟唱。清晨的鸽子不再是一种外物，而是存在于我的内心。处在空无之境自会有此等逍遥之乐。

迈克：我承认。无论是两人还是24人，相互之间没有距离。所有人之间能分隔多远呢？……当然，也不仅限于人与人之间。换句话说，我们所谓的边界也好，间隔也好，原本就是不存在的。在这个层面上说得通。但在其他层面，尤其是在心理、情感层面，当然还包括身体的层面，边界就至关重要了。大多数心理治疗师会对边界作长篇大论，但我却相当不解，怎么才能拥有一个针对精神的边界。简直耸人听闻！（在这个层面）根本不存在什么边界！

以上所有的言论都代表了一定层次的认知。其他层次的认知也有可能同时存在，这也司空见惯，相关论述我们之后会不时提及。就我而言，它们是平等的，但具有各自不同的价值。

以下言论摘自另外一次，在另一处对不同的人开设的课程。

L：当P.对着我的脑袋和耳朵时，我感觉胃里有什么东西松开，跑进我的脑袋里。那感觉让我释然地笑了起来。我的脖子有非常强烈的紧张感，就好像有人要扼死我。我不禁自问道："究竟那个想要扼死我的人是谁呢？"然后我就醒悟过来，其实是我想要扼死别人，但反而是我全身紧张起来，并且这种紧张感一直挥之不去。但现在也都松开了。或许也未尝不可！看起来这次确实是个心理和情感层面的重要认知。

我斗胆猜测一下，颅骶骨疗法的大部分——绝大多数——工作都是在心理和情感层面上进行的。只有一小部分是纯粹生理上的调理，而不论是有意还是无意，只有极少部分是精神上治疗。

原因很简单，在于对颅骶骨疗法“应该”做什么的既定理解。顺便提一下，这或许也适用于所有工作的描述，因此也不免适用于所有工作的局限性！如果不再理会这样的描述，或许你还是不能了解真正的自己，但你的工作将突破局限。

工作分为许多层次，相互作用。或许在这一点上，我只能说，各个层次之间相互联系，相互依赖，相伴出现，然而，如果你想将它描述清楚，那么其中差异大多存在于感知。所有的层面都时刻存在。耐人寻味的是，认知会出现在何处。

现在让我们试着作个总结。本质上，我们一直在探讨的，或许也是每个人最难做到的，就是无为。我们已经从字面意义上论述过，这几乎是不可能的。

我们又进一步论述了，静下心来直视我们正在做的，而不牵挂于心，不带任何评判，是其次好的做法。

如果在这项工作中可以产生平和的心境——也经常有人反映达到过这种境界——那么在我看来，这节课就是成功的。据我个人所知，没有什么状态比这更理想了。

也许在那份平和之中，智性能够瓦解某些一直陪伴我们左右的无用适应性，我们从而寻得一种更加适合的存在方式。我称之为重生。

首先就是要心境平和！思考中出现的任何变化，那些聒噪的、依附性和判断性的思维，都将因智力因素受限于这个范围内，那才真是一种局限性。

当你不再拘泥于某个概念，你就不再具有分离性，从而成为一个“存在者”，而不是“行为人”。

18 教学

没有尽头,也没有开始。只有生活的激情。

费德里克·费里尼(Federico Fellini)

身处乱世,修习正念比平时更显重要。作为个体的我们,如果不花时间修习正念,不仅难以化解我们自己生活中的苦难,也难以转化世间的种种苦难。对于我们自己,我们的后代和这个世界都至关重要,我们要依靠一定的修行帮助我们保持正念,让我们能够回归自我,居于当下此刻,以便我们自己和周围的苦难得以化解。

一行禅师

这个故事永远不会完结;始终存于世上,如果你被吸引来教这项活动,请从自身体验做起,而不是从你形成概念开始。那样对于教算术或许合适(虽然也有神秘主义的数学家),但对于精神活动并非如此。

重要的是传教,而非传教之人。我不断提出这个话题,贯穿于我的整个教学过程,我认为有必要在此重申。

一直以来我工作只是"因势利导"。正如雷·格里格(Ray Grigg)在其著作《存在之道》(*The Tao of Being*)第 30 节所说:

> 在思维的王国里,没有什么可以通过蛮力得到。强求的结果只会使思想将自己绊倒。努力尝试就会产生混乱。经过所有的探索和挣扎,能找到的也只有探索和挣扎。随道而行,领悟自然而生。
>
> 为自发而生所作的准备称之为修习。集中精力修习便可

获得成功。刻意去追求领悟便会以失败告终。

所有的修习都是顺势习得的。如果修习中能保持舒缓而谨慎的心态,之后就不会为外物所扰。如果修习中心怀嗔怒,随后就会导致恐惧;如果修习中心怀恐惧,随后就会导致嗔怒。

要得领悟,必经修习,然后将所习得的忘却。顺其自然,坚守内心。领悟自会无功而至。并非获得,而是自然发生。

心怀敬畏,举重若轻,敞开心扉。追随悟性的引领。放下心顺其自然并遵循它的指引。此所谓"顺势而悟"。舒缓而谨慎地顺其自然,从此便不再为外物所扰。

领悟无法依靠自身操控。要通过修习无我之境来领会。

领悟不依赖自我的思维,而是会有条不紊地移至道的虚无正念之中。

我们一直试图遵循这条训诫,教的一直就是学生或讲师/老师在做共修时引发的启示。我们与常见的教学形式恰恰相反,常见的教学形式是一种说教式和教条式的。我担心后者很可能会削弱学员的能力,这种情况也相当普遍。

我想看到的是客观的存在,而不是我们认为应该的存在,或者别人告诉我们所期望的存在。揣摩客观存在相当危险。这样会导致对它做出预言,我们就会将它下降到我们期待的水准上来。

无论他们是客户,还是随便哪种关系中的什么人,那些能看清真实存在的先驱者将会觉悟;佛陀不仅说他的人生目标即是觉悟,他还说:"我已觉悟。"这句话蕴含着巨大的能量。

因此,在导师/学员分组中,导师的工作就是要对当下存在保持清醒的认识。如果这项工作和我们都不是基于数据,那么也许这就是全部所需。工作会自行运转。没有人能够对别人做什么。

在这种模式下,教学是关于相互关系,以及现存关系的产物。虽然会让智力相当不适,但启示必然处在不断变化之中。在已出现的表达与经历、和应该出现、听说或感受到的教条之间,有一场持久战存在于我的内心。

当定境来临，我奋力跳进/坠入无所知的深渊，寄信任于定境的产物。这即是我所谓的智性，与智力毫无关联。

如果我可以信任它，那它就会变得真实有效。这就是我的体验。如果我只是说服自己去相信，那么结果完全不同，它就不会真实有效，或者至少效果会非常片面并存在症结。

有的时候我发现这确实很难，我甚至不知道是哪个层面的“我”觉得很难。

修行，再修行，还是修行。即是所有出路。

因此，在医者和患者之间，导师和学员之间，展现出日益宽泛的认知，并非对事实的认知用来进行分析，而是一种存在的体现，因进步而不断深化，虽然不一定与未受创伤的层面相同步。我认为从体验上来说是正确的。对于已经发生的事，我完全无法归类或解释。假如我可以做到，那我早就已经客观化并将觉悟限定了。客观化必然无疑地意味着限定。然而这项工作并非客观对象，远不止学员/客户这么简单；还有事件、启示、运动、变化、万物的本质，其中的体验与体验者密不可分。

起点和终点密不可分，它们就在这里。

这即是正念。

这即是我的方法。我希望它能略微蕴含些智慧。它属于你自己。

19 我能教吗?

经常有人问我,是否认为他们已准备充分来从事教学,或时机是否成熟,于是我作了些反思,很大程度上来自于我的切身体验。

首先,让我们把“层面”这个元素剔除出来。似乎每一次我试图解释的时候,都得申明:“当然,这取决于我们谈论的是哪个层面。”无论如何,我认为这么说很有必要。如果我们谈论的是用什么方法能够最有效,最利于避免疼痛地将脱臼的手指复位,那么我们要么已经学会并熟练掌握了这门技术,要么还没学会。

然而,如果我们谈论的问题关乎精神的本质,于是,在我看来不受制于智力上的某个客观范式,那么其层次和方法就有所不同了。

就某种意义而言,关乎精神的问题是无法当做客观对象来教的。我认为能做到的就是,所谓的导师负责营造并维持一个不受干扰的空间,供人们在其中进行寻求光明的旅程。这就是导师所能做的一切了,因为这趟旅程不仅属于“客户/学员”,还涉及双方/各方不设防地超脱分离性。

也许,要依靠导师让大家主动卸下层层戒备之心,才是我们每个人将要担负起的最艰巨的任务。这任务堪比赫拉克勒斯(译者注:宙斯与阿尔克墨涅之子,力大无比的英雄,因完成赫拉要求的12项任务而获得永生)的苦役,和珀尔修斯(译者注:达那厄和宙斯的儿子和安德洛墨达的丈夫,他杀死了蛇发女戈耳戈·梅杜莎)的征途。

当你自认为已经学会某些知识,获得某项才能,或许最好忘了吧,任它随风而去。

是谁倍感艰辛?是那个分离的自已,那个依附于某个身份的自我,我们能想到的所有关于自身存在的事。这才是问题所在。

我还清楚地记得首次尝试教课时的情形。我把几个自认为对我颇为友善的客户聚到一起(哄骗/贿赂?)。我还邀请了一位同事协助我，以免我需要有人传话。我一遍又一遍地朗读着我能收集到的所有资料。我身旁堆放着20—30多本书,上面贴满了黄色便签,标记着我曾经研读过,能够用来扩充论据的参考资料。

约定的时间到了,我们便全体坐下,进行40分钟的冥想。铃声响起,告诉我们冥想时间已结束,我睁开双眼,在课堂上环顾四周……心下一阵恐慌。这心慌愈演愈烈,永无休止。让我未能逃离那个房间的只有两件事:害怕别人会怎么说我,怎么看我(可见自我意识的力量多么强大),还有那堆书!

可以说,这是我经历过的最有成效的学习了。我不得不怀着忐忑不安的心情坐下来。我别无选择。就像40年后的今天,现在我已经80多岁了,可能还是不知道接下来该说什么,直到那些话自己出现在嘴边,但我毫不在乎。我只要寄予信任就行,仅此而已,而80年来的积淀,最终产生的是鲜花,还是杂草,都无关紧要了。

这就是我所有的情况。你的情况稍有不同。你已经为自己的自由之旅做了大量可观的工作。

想要教课的心愿像泉水一般喷薄而出,肆意流淌。意识在扩张,而教课已经成为精神之旅的最新方式。

也许,你需要做的只是醒悟过来——实际上你正在教课。环顾你周围的人际关系。在社会中你居于何种地位?相对于你的自身情况,你怎样感知正在发生之事?别人是否会向你询问?(当然了,他们也会坚持要给你答案?)

是的,我知道你正在教课,但你想让它更名正言顺一点。然后才能搞清楚状况。考虑一下这个问题吧。承认这是你真正想要的。很好,这是一门正当的生计。认清楚现状自会有其功效。你将会充满一种“想要教课”的能量场,弥漫在你周围。我也不知道它会采取何种形式,出于后见之明,40年后的今天,我要提的建议就是,不要过分营造和限制其形式,这样效果会更好。我现在正在做的工作,——我将其看做是对于存在的一种表达,而不是我做出来的事情。——与我想要去做的事没有多少雷同之处。然而这也是一种展现。

除了恐惧,你没有什么可失去的,而且你永远也无法完全摆脱它,所以不妨与它好好相处。

不要总是在期待什么结果,用心体会正在发生的奇迹。从名为信任的悬崖绝壁勇敢跳下,你就能展翅高飞。如果你做不到,下一次再尝试,然后寄予真正的信任,不要只是把信任看成一个概念。

当医师们为所谓的精神工作所吸引,时而会陷入错误的观念,认为他们不该为自己的工作收取费用。我给他们的建议是:我们选择作为人出生在这世上,处于这样一个时间和空间,其中对于什么是正当的生计有完美的定义。千百年来,这个定义已涵盖了这样的观念,金钱是一种交换的媒介。仅此而已,金钱本身没有价值,它只是一种交换媒介而并非评价的工具,在现阶段,我们提供的反而是将其贬值。这就是我们能发现的众多“愚者的同情”例证之一。漫天要价就是漫天要价。而索取恰当的报酬天经地义。扶贫济困同样理所应当,只要适可而止就行。

如果你受引导皈依佛门,将自己置于他人怜悯与慷慨的对象,他人给予你资助,你回报他人以疗愈和智慧,这是一次公平的交换。所以这就是你用现金的意味。请不要妄自评判哪一种更好。当有人被教课所吸引,类似的情形就会出现。“我是否准备充分?我懂的够多吗?我会不会被人挑刺?”所有这类问题都会出现。

如果你要教的是算术或者运动力学之类,那么提出这些疑问很正常。如果吸引你的类别稍有不同,那么唯一的问题应该是:“我是否准备好抛弃所有让自己脱离于学生的因素?我是否准备好做本色的自己?我是否可以分享这种心态?”就这样,而无需评判够不够好。对于“做得不够好”的执念能量巨大。它没有实体,只是一种执念,一种开放变化——所有现象最核心的变化——可能性的认知。

如果我可以将这些分享,这种完满将使学员通过共修在精神、心理和身体各层面觉悟到(使自己的完满真实或具体,或赋予其真实或具体)自己的完满。

教学札记:我可以做吗?我应该做吗?

亲爱的迈克,

我正在考虑将来有一天要从事教课,尽管我自己的导师“重传教而非传教之人”就在此处。这一天正慢慢地,但确实地越来越近了。

我所有的生活体验,佛学修行,日常工作交际,都在以一种自然而然的方式,汇聚成某种教义,跟你类似,基于空性、定境。

我想知道你是否在课程上以某种方式对参与者有所选择。课程之间还是有许多细微差别的,如果不小心应对,可能会在讨论展开上引起麻烦。这取决于参与者的性质和需求。

对于这个问题你能分享些经验吗?

谢谢。回见。

马蒂亚斯

亲爱的马蒂亚斯,

我希望你早日开始这项事业。

大圆满(一种佛教上的形态,我们都很感兴趣并在做此修行)只关注存在。如果那儿有动荡不安,那即是存在。我一点也不能保证人们会做些什么。有时候有人对做他们自己感到困难,那么我就必须去处理。

通常来说,结果都令人欣慰,但有时候难以迅速见效。

我袒露全身,像战士那样卸下盔甲不再穿上。只管将命运交给时势!

如果我以某种方式对学员有所选择,那么我只会应对那些我“想要”应对的;那样对我来说会容易得多。而这种方式下,我应对的是我们大家都“需要”应对的。

很快我们就可以详谈了。

爱你的

迈克

亲爱的迈克

我热爱这项事业!

它是如此真实

而且现在我感受到并看清了,

这是唯一我要走的路。

理所当然!!

谢谢。

我真佩服你能掌握这门技巧,面对不同人的情感爆发保持袒露自己,毫无遮掩。

我必须自身加强锻炼。

这意味着,

闭口不言。

敞开心扉,不断地敞开心扉!

马蒂亚斯

我将这封通信给乔看,她是我的咨询小组中的一员。她这样回复道:

亲爱的迈克,

感谢分享,我很期待与马蒂亚斯见面。

你用来应对个人及群体活动中的冲突和动荡的方式相当巧妙,我觉得你低估了这些方法。多年来,你的课程我参加过很多次,亲眼见证了你拥有的勇气,你从不回避那些令人不适的地方,它们往往蓄势待发,在不经意间就浮现出来。这对所有人来说都是学习上的一大进步,但只有具备包容性和开放性才能实现。

这需要大量来之不易的经验,和袒露心扉的意愿,才能在此空间作出回应。

要放弃妄自评判有时难如登天！

爱你的

乔×

我常怀感恩之心，感激我能与这么样一群人合作。

20 开放还是关闭

追求精神生活的人面临的最大挑战，即是如何使我们的生活体现出智慧与慈悲。我们已经领悟的真相需要在我们的生活中寻得可视化的表达。我们思想、言论或行为举止的点点滴滴，都有可能作为纯洁与爱的一种生动表达。仅仅拥有智慧还不够。坚信我们自己要成为真相的监护人，就相当于站在了它的对立面，这直接导致变得陈腐顽固，或者刚愎自用。思想和记忆并不具有解放或疗愈的力量。

永远不会有那种开悟止息的状态，好让我们依靠过往成就的供养而活。只要生命不息，智慧就永远充满生气，只要还在感悟生活，悟性就时刻自由奔放。如果不足以支撑我们挺过人生中难免的悲伤、迷惘和变故，那么再丰富的精神体验也毫无价值。如果我们不懂得如何触及他人的心灵，以及袒露自己的心事，那么再多的知识和成绩也都无足轻重。

克里斯蒂娜·费尔德曼和杰克·肯菲尔德著"精神故事和心灵故事"摘自琼·史密斯主编的《日常心理》，三部

春去秋来，时光匆匆，记忆日渐悠长，一群人怀着同样的心愿走到了一起，团组规模也日益壮大。

我毫不怀疑，这当中间或会有一些人，像这样不知不觉间，探究着身体显现的启示，同时体验到一种觉醒的力量。

像深沉的平和、福祉之类的词经常被用到，其中蕴含有一种意向，在场的所有人都能看到，有些深刻的变化已经发生。大多在眼神中能明显看出，但通过其他一些微妙的变化得到增强，诸如姿势、声音和充

满敬畏的表达。我相信每一个人，或多或少，都能在这种扩展的存在中分享到福祉。这是一个人的故事，但影响到了整个团组。

我的内心已抵达彼岸
在那里整个世界都包容在我心中，呼吸与共。
看不见的旗帜飞扬
在那高山之巅。
卡比尔(Kabir)说：我欲望之身已死，我心灵之欲已生。

卡比尔

工作正在自行运转：这很显然。不能说是哪个人在“对”哪个人做什么；很简单，仅仅是造化之力在起作用，我们只是旁观者。

有时候，会有人想要与团组分享刚刚的体验。在发言者的认知里，往往语言不足以传达该体验。有时会听到像这样的措辞，诸如打碎心灵的枷锁之类，但往往重生是如此强大，而相应的体验又是如此潜移默化，以至于找不到恰当的语言来描述，我天生就有敏感的知觉，而不是归纳概念。

这个阶段令人欢欣鼓舞，但同时这也是我们不惜任何代价想要坚守的阶段——这种诱导性的执念是如此强烈，我将其比做淋浴房里的湿肥皂：我们越是竭尽全力去抓取，它就越是变得难以捉摸。

我们回到自己家里，回到“现实”中来，这是另一个我们已经熟知并习以为常的现实，在享受静修之所的安闲与照顾的同时，我们遇见了那个旧有的自我反应模式，并被它所诱导，轻易就回归原位，有条不紊起来。故事是如此熟悉，熟悉得让人倍感舒适，即使是在那些不那么令人舒适的地方。

经常有人写信给我，倾诉他们是多么容易陷入这样的困惑，思考他们通过静修究竟带走了什么。究竟发生了什么，或者说，实际上有没有发生什么，还是这只是一场梦，一种通过高强度的群体仪式带来的幻觉？

杰克·肯菲尔德的著作《狂喜之后，继续生活》(*After the Ecstacy the Laundry*)，在其标题中，就对这种失望的心情做了绝妙的总结。继续生活，重新回到柴米油盐、锅碗瓢盆、家长里短、人际关系（尤其是人际关系）、抵押贷款、股票市场、战争和平、仪表穿戴、阴晴圆缺，种种世俗琐事中来——所有这些依然不得不处理。什么都没有改变！

“我想换个新的导师。我一直也没能像她那样推崇查尔斯，我从来也没体验过内观自省。”或许这是个相当幼稚的类比，不会也不可能在我这里适用……听上去像个9岁孩子的话！是的，确实适用于我，确实听上去像个9岁孩子的话！

然而，情况终究有所改变。有那么一刻，我们触及到了存在的核心，不光是我们的存在，而且是万物的存在，是智慧之源本身。至少其中有那么些蛛丝马迹，总是可以够得到，等待着人们一次次地去探访，去发现，而它始终就存在心中。

对于“是什么”的认知已获延展，不是作为概念或智力层面的过程，而是作为一种身心体悟，只要我们还活着，它就存在。

如果最初的真如本性回归，相对于虚弱困惑的反应一直存于我们自身，那么必定有供其恢复的途径。

这个途径就是修行。我这里所说的修行不是指永无休止地在莲台上打坐，或者千万遍反复诵读经文，甚至焚香秉烛，剃度烧戒，虽然所有这些仪式在某些场合有一定价值，尤其是当他们对自身的最终目的还未洞明时。

我说的修行是指全然活在当下，只要有必要，就要一次次尝试，绝对坦然地面对所发生的一切，不管是好是坏，然后放下所有的优劣之分、得失之心，任其自然。也就是说，放弃妄断。

这就是富于同情，充分感知，不带任何评判。这才是我们需要的，这才是追求智慧的修行，它就在那里，随时都能够得到。

这在团组中更容易实现，在团组中我们第一次有勇气踏上勇士的征途，卸下自身的重重戒备。比起对我们自己，我们更容易对他人产生同情和支持，不是吗？

对于我们自身，也许与需求不同的其他人在一起，不太容易让隐藏的烦恼浮出水面，作为本然的存在被我们所接受。这只是生命中的一段经历，仅此而已，别无他物。很可能，如果真的有些烦恼突破我们极力的掩盖浮出水面，我们会为此忧心忡忡，为难自己，又为我们满身的枷锁增添了一重。

这完全徒劳无益。出现的就是我的人生故事，不多也不少，就存在于此。看清它的本真之后，我能对它作出的唯一选择就是决定怎样处理。或许我可以试着将其重新掩盖起来，就像对某种恶性肿瘤，眼不见为净，或者我可以将它积淀酝酿起来。将它作为现在，这永恒的当下的起点，而不是拖累我继续前行的过往。而各种各样的事情都可以由此积淀生发而来。

当下即是我们舔蜜的刀口，任何时候都要保持警醒，不要因为自鸣得意、狂妄自大而弄伤自己。

只有修行；而没有人知道目标，因为那会造成一定的局限。据说没有导师能够消除痛苦或心魔。心魔就潜藏在那里，不时地抓住我们的痛处，而对心魔的觉察也是一种修行。即使与它相对达到了开悟；只有变化是确定无疑的。我们不断地回归到这种体察，成为千变万化的大千世界中具有相对定性的一点。

在团组中，我们尝到的是蜂蜜。我们可以一直收集到满钵满罐，这时我们就必须学会给予，让别的人都来尝尝。蜂蜜有黏性，很容易让人依附其上。为了获取蜂蜜，我们必须放弃那个自我构建，名为"我"的独立个体，成为协同的一分子，我们那段时间共同体验过，现在看来已很久远。

我很中意这个理念，我们应该被安排像蜜蜂一般自觉地行事，也就是说，在照顾自己的同时，又兼顾到使周围的人受益。

就我们的情况而言，修行的轨迹就是智慧，即身体的智性——不要与心智相混淆，心智是只限于个人的。

创巴仁波切(Trungpa Rinpoche)说过："心智的灵性与身体的灵性之间本无界限；两者本是一物。"他进一步阐明，"轮回"的定义即是心智与身体产生分歧。觉悟之人的定义即是心智与身体密不可分之人。领会了身体即领会了知觉，领会了知觉的至纯之境即是领会了觉悟之道。

身体存在当下。我们无法脱离，即使我们会飞也脱离不了；它与我们如影随形，无论在哪里，无论何故，在某个层面而言，我们明白这一点，不是吗？

那就是我们品尝蜂蜜之处。
不用到屋外去看花——
我的朋友，不必劳烦移步。
在你内心自有鲜花绽放……
每一朵有千万片花瓣！
那还不足令你驻足吗？
在那安坐片刻吧，你可对现实匆匆一瞥——
心中和身外，花园中的花园。

卡比尔

人们将我刚刚提到的体验称为觉悟、体悟或觉性——它们各自程度不同——要达到下一层次，或更高层次体验的途径，就是放下上一层次的体验。可以说，执着于任何形态的体验，就会令人止步不前。即使对于开悟的概念而言，执念也使它成为羸弱无力的另一重枷锁，还怎么能获自由？

我们往往将这些开放性当做门来谈论。有很多扇门，每打开一扇有可能通往任意一个地方，很显然，有的时候会回到我们出发的地方。但那也不可能是同一个地方了。经过这一路走来，我们的认知已经今非昔比。去行我们的必行之路，改变自会到来，否则习惯之风会将门都关上。所行之路即是我们所谓的修行。

我们只需坚定信念，相信这条路会将我们引向某处，我们无法预知，也不能限定目的地。这种信念即是我们所谓的“困惑之福”。

这条路的方向通往我们的内心深处，这就是我们所谓的“精神的具象”。

导师与我们同行在这路上，此即所谓“共修”。间或，当导师全然处于当下时，我们会只闻教义、不见导师，这就是我们所谓“空椅子”的象征意义。“空碗”已道明了一切：

空碗

我有一个碗，由金属打造而成。

它出自名匠最后一代传人之手。

碗是空的，却能容纳无边的海洋。

如果我敲响它，发出的鸣响有用。

我可以将鲜花插入其中，那美态有用，但它便不能鸣响。

我的孙儿可以对着它撒尿，很有可能，这样它也会有用，但也不能鸣响。

如果我从定境中触及它，持它进入共修，它就会发出美妙的鸣响

这声响会在全世界回荡

这样它会非常有用

而此时碗是空的。

我拥有心智。

由不朽之精神打造。

如果其中承载思想，那么它是有用的。

如果其中有功能障碍，还有抗性的瑕疵，那么它也有用。

有时它装满了玫瑰，有时装满了糟粕，我都能处理好，这都是有用的。

然而，如果它是空的，我就可以在定境中接近其他人，

其中尚有足够空间，能装下整个故事，她能忆起自己究竟是谁，而全世界也能忆起其本原

这才是真正的有用。

而此时心智是空的。

迈克·博克斯霍尔

花开花谢。鲜花枯萎，自有种子落地。结束即是开始。

让我们一起恭迎每一天的降临。

作者简介

年轻人说："你都这么老了，威廉老爹，
你的头发都已花白，
可是你还执意一直在这竖蜻蜓，
看看你的年纪吧，想想该不该？"

刘易斯·卡罗尔《爱丽丝漫游仙境》

好吧，这篇就权当总结！

在北卡罗来纳州最近的一次课程中，有些学员盘问我，怎么不写本传记。年近80，人生的大半我都已淡忘，但我的妻子也鼓起勇气参加了这次课程，她提出了些睿智的问题，大多发人深省，"是的，但问题是从什么时候开始……"这引发了我的思考。至少，有些事我已经"准备"想起来了。

我娶了芭芭拉为妻，用地道的英国话来说，这实乃人生一大幸事！我之前结过婚，每一段婚姻在当时看来都是幸事。此时更好，彼时便显得更糟。还是做个乐观的人吧，看不透人间无常的悲欢离合，即使遇见蛤蟆，也给它们献上一个吻！

我们有四个孩子，其中三个是我的，还有一个是她的。根据我上次的统计，我总共已经有十一个孙子/孙女了，包括侄孙子/侄孙女。

我们住在英国南部的一个小村庄，有个美丽的花园，令我们的生活都充满激情。我种植有机蔬菜，她种花。

事业方面，从记录中看来，我曾经做过职员(给我父亲打工)，在马来亚种植过橡胶树，在丛林里当过兵，做过国际电影发行总监(大额开支账户),李小龙电影的经销商,有机食品店经理,顾问,精神治疗医师,针灸医师,颅骶骨治疗师等等,以及将来不知道会做些别的什么。

我做治疗师已将近 40 年了。

我做佛教徒也已将近 40 年了。

以上种种,还有些别的,我不想在此赘述,这所有就被称之为“积淀”。哦对了,我曾经还做过运动员,但那是很久以前的事了。我现在感觉这点非常关键。

所有这些汇聚到一起,成为了我想要传授的东西,用佛语来表意的话,即是说,开悟全在自身,若识自性,一悟即至佛地。

这种感悟开始出现于我颅骶骨疗法培训期间,那是富兰克林·西尔斯的早期教学阶段,当时卡鲁纳学院还未成立。我当时非常重视那些课程,现在也是如此。正是它让我形成了自己的风格,一如当初他在之前的工作中形成了他自己的风格。我希望每个人都能以自己的经历来授课,而不是一味复述别人的经历,因为这样不可避免会导致完整性的缺失。

我希望本书已经表明,我如今能将此工作视为本真的精髓即在于超脱。可以说需要做的就是,超脱心智之能而臻至智性之境。这笔买卖甚是划算,以旧换新,或者就此情况而言,以有限的个体自我建构,换取集体性的无穷潜力。

这就是必经之路。我们每个人不懈修行的希望之道。修行至关重要。个人在疏离中的自我,往往不会轻易放弃那些苦痛挣扎,为出人头地而沉沦于狗苟蝇营,不会想到实际上每个人都是独一无二的。通过共修,将个人置于集体之中,以脱离自我意识固有的肆意膨胀。

更多背景情况

我教的一系列课程涵盖了多个模块,逐渐转入从未知的定境中,亦即定义和界定的形态尚未形成时,对于全然当下的研究。目前我定期在美国、英国、意大利、西班牙和爱尔兰开办此类课程。

我深爱着我的家人、事业、学员,以及我身边的环境,我经常沉溺于工作之中。上级已经对我作出相关指示,我必须放慢自己的工作节奏。这意味着,我会在相当长的一段时间内,越来越少乘坐长途航班,那样会使我过于劳累,我会把重点放在请学员来我这儿学习,或者在欧洲范围内找个好地方开课。我相信,在我应邀去东京活动之际,上一次的讲述还不至于未留下丝毫印记。

从临床意义上而言,我的工作就好比通过女性不育的成功处理来研究婴儿,在某些领域还存在少许争议,因为我相信他们的智性,而非我个人的才智。我教给大人们的内容,正是我在研究婴儿的过程中,而不是通过其他方式领会的。

我曾多次在英国和美国举办的"生命的呼吸座谈会"上,作为主讲嘉宾发表了演讲,去年还在西班牙举办的协会十周年庆典上发表了主题演说。我现在还是好几个不同教学团体的会员。

近几年来,教学已得到长足发展,得益于学员们的投入,已经从善意的机械性灌输,调整为完全启发式的引导。

有赖于诸位今后的帮助,在寻求感知扩展方面仍有待进一步探索——不仅关乎我们真如本性的感知,还包括作为本性基础的健康。

导师们

其中有的导师我曾经学习过,也有的导师我今后还有好多要继续学习,按年代顺序排列:

密勒日巴:曾经的不良青年,后来成为圣人

卡尔古斯塔夫·荣格:空想家

乔·雷德芬(Joe Redfern):精神分析学家,荣格学派培训分析师

杰克·沃斯利(Jack Worsley)教授:明白当下与直觉的意义,针灸师

伊琳娜·特威迪:苏菲派信徒,她践行自己的学说,我很高兴整整两年,能够每周两次与她同坐两个小时

丘扬创巴:集不良分子与圣人于一体而并行不悖,同时也是一名大圆满佛教徒

伊恩戈登·布朗(Ian Gordon Brown):让我接触到现实,超个人心理学导师

富兰克林·西尔斯:让我接触到身体的多层次,颅骶骨疗法导师

詹姆斯·罗(James Low):心理治疗师,佛教学者,总监,同时也是我的好友

我的学员们

我的家人

芭芭拉

我是他们所有人的集合,又不同于他们任何一位。我站在他们的肩膀上,满怀感恩之心。

人们都将我认做是一个治疗师。我承认这个标签,那确实是我在做的工作。但那也许并不能说明我是谁,那完全是另一码事。活到 80 岁这个年纪,我有一半生涯都是作为修行治疗师:顾问、针灸师,然后是颅骶骨治疗师,到现在也做了好几年。在最近的将近 15 年里,我一直从事教学事业。在教学过程中,我逐渐认识到,无论我们做什么,无论是否作为治疗,真正需要关注的是,我们在做手头的事情时明白自己从何而来。我将这个问题置于优先地位,高于"我们在做什么"这一形式上的技巧。这当然绝非什么理性或科学的方法;它要求在定境中持续关照那些正在对自身进行的揭示,无需诊断、预判或治疗。

也许这些看似杂乱无章,也无法轻易达到。这是一种无知无识的境界,其中不存任何答案,有的只是启示。启示最终的表达即是核心,或称中心,那里也不含任何病理学。任何一种描述永远只能作为切身体验可怜的替代品;而切身体验我们人人都唾手可得。

关键词索引